Моят ЖИВОТ
Моята вяра I

*"Обичам, които мене обичат,
и които ме търсят, ще ме намерят"
(Притчи 8:17).*

Моят ЖИВОТ
Моята вяра I

Д-р Джейрок Лий

МОЯТ ЖИВОТ, МОЯТА ВЯРА: Част 1 от Д-р Джейрок Лий
Издадена от Urim Books (Представител: Seongnam Vin)
235-3, Guro-dong 3, Guro-gu, Seoul, Korea
www.urimbooks.com

Освен ако не е посочено другояче, всички цитати от Библията са взети от Святата Библия - Нова Американска Библия ®, Copyright © 1960, 1962, 1963, 1968, 1971, 1972, 1973, 1975, 1977, 1995 Фондация Локман. Използвани с разрешение.

Запазени права © 2011 от Д-р Джейрок Лий
ISBN: 89-7557-451-1, ISBN 978-89-7557-450-4
Запазени права за превод © 2009 от Д-р Естер К. Чанг. Използвани с разрешение.

Предишно издание през 2006 г. в Корея от Християнска преса, Сеул, Корея

Първо издание - Юни 2011 г.

Редакция Юнми Лий
Дизайн – Издателска къща Urim Books
За повече информация: urimbook@hotmail.com

Дълбока духовна същност
Дълбок духовен дух

Казват, че най-ароматният розов парфюм се получава от розите на планините в Балкана. При все това, не можем да го получим от всяка роза. За да бъде парфюмът от най-високо качество, трябва да извлечем екстракта на розата, откъсната в два часа сутринта, когато е най-студено и мрачно.

Моят живот, Моята вяра, автобиографията на Д-р Джейрок Лий осигурява по същия начин най-дълбокия духовен аромат за читателите. Това е така, защото неговият живот е роден от любовта към Бога, изпитал черните вълни, металния хомот и най-дълбокото отчаяние.

Защо Д-р Лий не можеше като другите млади хора, да мечтае за светло и бляскаво бъдеще? Имаше период, когато той се бореше да завърши добър колеж, да учи в чужбина и да стане преуспял известен мъж. Но в разрез с мечтите, животът му започна да пропада в бездната на отчаянието. Тялото му беше покрито с раните на страданието. Вместо да стане известен, беше пренебрегнат от близките си, които го гледаха с презрение. Той осъзна ясно и напълно колко незначителна е любовта на този свят. Разбра значението на бедността и отчайващото безсилие да бъдеш глава на семейството. Дори направи два опита за самоубийство.

В пропастта на отчаянието, където едвам си поемаше въздух срещна Бог. До този момент, той се бореше сам в трудния си живот, но могъщият Господ, изпълнен с любов, дойде при него, посрещна го и го поведе. Бог го извади от отчаянието и го изпълни с надеждата на божественото царство! "Как мога да се отплатя за изумителната милост на Бог?" – този въпрос доби основно значение в живота на Д-р Лий. Той изпълняваше всяко "бъди", което Бог повеляваше и не правеше нищо забранено от Него. Вървеше, когато Господ казваше "върви". Той стана пленник на Божията висша и велика любов и неговата единствена цел в живота беше да задоволи Бащата Бог.

Изповедта за дълбока любов на апостол Пол е също така изповед на преподобния Д-р Лий. *"Кой ще ни раздели от любовта на Христос? Мъката, страданието, преследването, глада, голотата, опасностите или войната? Както е написано, "Заради Теб ни убиваха всеки ден. Бяхме като овци на заколение". Но въпреки всичко ние побеждаваме изумително чрез Него, който ни обичаше. Защото съм убеден, че нито смъртта, нито живота, нито ангелите, нито висшите сили, нито сегашните, нито бъдещите неща, нито могъществата, нито висините, нито дълбините, нито творенията ще могат да ни разделят от любовта на Бога, която е в Исус Христос, нашият Господ." (Римляни 8:35-39).*

Както е казано в Притчи 8:17, *"Обичам, които мене обичат и които ме търсят, ще ме намерят"* - ако това е волята на Бога, Д-р Лий отговаря само с „Да" и „Амин" от все сърце във всяка ситуация. Бог го дари с Неговата мощ и го издигна над света. Неговата църква Манмин (Всички творения) Джуунг-анг (Централна Църква) се моли за всички хора от всички нации, както е видно от името „Всички творения". Тя изпълнява едно по едно изпратените от Бог видения и е основен център за огъня на Святия Дух.

Тъй като самият Д-р Лий е страдал от толкова много болести, той разбира болката на страдащите. Тъй като самият той е бил презиран и излъган, той разбира хората със сломени сърца. Тъй като е изпитвал крайна бедност, той разбира душите, страдащи от бремето на бедността. Ето защо хиляди членове на неговата църква се събират около него, за да го видят лице в лице.

Животът на преподобния Д-р Лий представлява един от най-драматичните примери, в които животът на един човек може да се промени толкова много преди и след познаването на Бога. Неговият живот показва как пълното подчинение пред Бога и всеотдайната преданост могат да родят толкова духовни и материални плодове.

Ходът на неговия живот ясно показва, че тайната за всички тези благословии е човек да бъде праведен и чист като кристал, както е свят Бащата Бог, понякога като ревящ лъв и друг път като нежните и ласкави ръце на майката.

Така както животът на Д-р Лий е изпълнен с дълбок дух, надявам се всички читатели на тази книга също да могат да усетят аромат, по-тежък от парфюма на розите в планините на Балкана.

10 декември, 2006
Старши дякон Д-р Естер К. Чанг

Бивш президент на Женския Университет в Сеул, Корея
Президент на Международния Семинар Манмин, Сеул, Корея
Почетен професор, Национален Университет на Сан Антонио Абад дел Куску, Перу

Огън и Сила

Моят живот, Моята вяра дава ясен отговор на въпроса, "Как трябва да водим Християнски живот?" и затова е книга за всички онези, които приемат Исус Христос и вярват в кръвта му на кръста.

Честно казано, Д-р Джейрок Лий, младши пастор на Централната Църква Манмин е човек, когото аз не познавах добре. Един ден един от моите колеги ми даде книгата му *Моят живот, Моята вяра* и след като я прочетох избухнах в сълзи. Започнах книгата, когато не можех да заспя късно вечерта и тя ме завладя напълно.

Не можех да чета без сълзи за неговите страдания от всякакви болести, бедност и семейни проблеми, които могат да бъдат сравнени със страданията на Йов. Беше също уникално и корейско чувство на скръб. Болестите му бяха толкова тежки, че е стигал до там да пие сока от отпадъците на човешкото тяло и два пъти е правил опити за самоубийство. Аз също съм страдал много в живота си, но беше мъчително трудно да спра сълзите.

Повечето корейци, които изживяха строгите икономии на 50те и 60те години преминаха през много страдания. Дори днес има много хора, които не могат да си позволят отопление през зимата или да се хранят три пъти дневно. Има също така болни хора, които не могат да си позволят лечение в болница. Има хора, които страдат във временни жилища, оцелели след наводнения или други бедствия. Ние корейците все още не сме напълно освободени от бедността и страданията.

Но преподобният Д-р Джейрок Лий е живял напълно различен живот след като е преодолял всички тези страдания и болки и тази книга илюстрира вълнуващо всяка негова стъпка. Това не означава, че тази книга е написана с измислени и високопарни думи в литературен стил. Искрените и семпли изречения бяха тези, които ме разчувстваха.

Може би трябва да кажа „Духът на Истинността"? Неговата изповед, която съдържа истината за спасението на Бога и възхвалата на Исус Христос карат читателите да почувстват същото Божие благоволение.

Не знам дали защото не можех да намеря „истински хубави книги", но причината да ме трогне толкова тази книга беше, че животът му, изпълнен с разкаяние за всички грехове след срещата му с Исус, подчинението на Божия зов, посещението на духовния колеж, за да стане пастор и старанието му да спести дори един брикет въглища, беше нещо като символ в моя живот и живота на нашите съседи, децата, които са глави на семейства и онези, които се борят срещу недъзите на телата си. След прочитането на тази книга трябваше да променя значително посоката на моя християнски живот.

Вярвам, че животът на преподобния Д-р Джейрок Лий може да бъде литературен модел за нашия християнски живот. Ние считаме, че сме пречистени от греховете, когато слушаме проповедите в църквата, но в реалния живот правим компромис и отново извършваме грехове. Това е порочният кръг на нашия религиозен живот.

И така, *Моят живот, Моята вяра* дава ясен отговор на въпроса "Как трябва да ръководим своя християнски живот?" Чрез тази книга преподобният Д-р Джейрок Лий ни подтиква към молитва. "Молете се, за да бъдете пречистени от греховете и да служите на Бога", "Молете се, за да получите силата на Бога", "Молете се, за да получите различни дарове от Святия Дух", "Молете се за вашата църква, вашия пастор и други служители на Бога", "Молете се за царството и правотата Божия" и "Молете се за духовна любов". Неговата духовна изповед, произтичаща от опита му, оказва въздействие върху нашия живот.

Чудесата, които се случиха веднага щом отвори църквата, включително чудесата, свързани с толкова много изцерения, лечението на умиращите и съживяването на тези, които вече са умрели можеха да предизвикат ревността на другите пастори. Той учи в православната духовна семинария и беше посветен от тях. Защо вероизповеданието го отлъчи от църквата? Несправедливият процес по отлъчването също е описан подробно.

Можем да открием истинската същност според нейните резултати. Днес огнят на Святия Дух гори всяка седмица в Централната Църква Манмин и толкова много хора с нелечими болести получават изцеление. Извършени са Велики походи в

Съединените щати, Русия, Африка, Средния Изток, Европа и Латинска Америка и много хора от целия свят бяха свидетели на знаменията и чудесата. Днес Корея се превръща в световен "Център на мисията"!

Дори след изграждането на Централната църква Манмин като една от най-големите църкви в света, той живее само с молитви и пости. Дори когато дъщерите му се намират в ситуации, застрашаващи живота им и дори когато той се намира на прага на смъртта от продължителен кръвоизлив поради крайна преумора, той преодолява всички тези изпитания само с вярата си. Въпреки това, никога не се хвали с тези неща и вярата му е достойна за подражание.

Само по себе си е мистерия, когато Христос превръща водата във вино по време на сватбено тържество, лекува кървящите рани и прокажените и съживява мъртвия Лазар. Защо тогава има хора, които критикуват изцеленията и Божията сила, проявена чрез преподобния Д-р Джейрок Лий? Възможно ли е да говорим за стоте години на Корейско християнство без да споменем изцеленията?

Корея има най-много църковни кръстове в света. В тази страна можем да видим хората да се молят заедно на висок глас, телата им да потръпват от молитвата и дори да танцуват, когато възхваляват някого. Болните от рак са спасени по време на големите молитвени сесии и мъртвите хора са съживени. Корея е изпратила голям брой мисионери. След като прочетох книгата на преподобния Д-р Джейрок Лий, почувствах още веднъж колко благословена страна е Корея.

Днес Д-р Джейрок Лий проповядва за „Рая" и не знаем кога ще свърши. Ако някой друг говори по тази тема, той няма да може да каже нищо повече след няколко седмична проповед, но с всеки изминал ден, преподобният Д-р Джейрок Лий продължава да говори все по-живо и подробно. Според мен това е така, защото е надарен с пророчество и с други дарове и проповедите идват една след друга, както коприната от коприните пашкули.

Както Цар Соломон си служи с метафори в притчите, посланията на преподобния Д-р Джейрок Лий са скромно казани и лесно разбираеми, предсказвайки словото Божие като златни ябълки в сребърни кошнички (Притчи 25:11). Той показва силата на чудесата след като е преминал през огнени изпитания.

Февруари, 2007 година
Юрим Хан (Телевизионен писател)

Съдържание

Глава 3
Моето призвание

Глава 4
Божието призвание

Съдържание

Глава 5
Начало на църквата

Глава 6
Разрастване на църквата и изпитания

Глава 7
Господ разшири границите на духовенството

Глава 1

Мислиха, че се е родило нямо дете

Моите родители ме възпитаваха в доброта и праведност

"Шшш, шшш. . . родено е нямо дете. Защо не може да плаче?" Тъй като не съм плакал след като съм се родил, моите родители са се притеснили и ме пошляпали. Дори и тогава, вместо да заплача съм се усмихнал. Роднините ми били много тъжни, защото мислили, че съм ням.

След като изпитах Божията милост, чудех се защо като бебе не съм плакал. Може би, защото духът ми е знаел, че ще водя благословен живот като служител на Бога и ще спася многобройни души. На 20 април, 1943 година, (според Лунния календар) аз бях последното родено дете (от трима сина и три дъщери) на моя баща, Чейбиом Лий и моята майка Геймджанг Чо. Моето родно място е малко селище в Хейджи Майен, Мюейн Гуун, провинция Джиоланам-ду. Баща ми беше ученик на китайски класици и любител на елегантността и музиката. По време на японското управление в Корея той пътуваше често до

Япония по работа, а след обявяването на Корейската независимост, той закри бизнеса и потърси спокойно място за живеене. Бях тригодишен, когато семейството ми се премести в Чангсунг, селище в Буун-хианг Ри, Нам Майен, Чангсунг Гуун. Беше изключително място. Хората казваха, че там можеше да се устрои само семейство „Чун", но по някакъв начин моето семейство успя да се установи доста лесно.

Баща ми — както си го спомням от моето детство — беше човек, загубил напълно контакт със света, който четеше много книги в къщи. Имам малко спомени, свързани с гости у дома. Когато баща ми имаше гости, той сядаше да пие с тях, да рецитира стари поеми или да се състезават по Китайска класика.

Баща ми винаги е искал да ме възпита така, че да стана велик.

Затова често ми казваше, "Джейрок, човек трябва да бъде верен. Някой ден на този свят ще станеш велик мъж." Най-вероятно всички родители искат децата им да израстнат добре и да успеят във всичко, което правят. Помня как растях и баща ми полагаше големи усилия да ми наложи стабилна ценностна система, а майка ми винаги домакинстваше и се жертваше за семейството.

Баща ми започна да ме учи на „Хиляда китайски йероглифа", когато бях едва на пет години и ми разказваше много приказки за известни герои. Когато чух историите

от „Трите царства" за Гуан Ю, Цанг Фей и Цао Юн, които
рискували живота си в битка, за да защитят своя учител
Лю Бей или историята на Цу Ге Лиан, който накарал
вятъра да духа, толкова се развълнувах, че дланите ми се
изпотиха. Баща ми често разказваше за ученията на мъдри
личности като Конфуций и Менциус или за почтеността на
великите хора. Историята за Монгджу Юнг, който служил
на Корейската династия (въпреки, че й беше писано да
бъде разрушена) до края, съзнавайки, че ще бъде убит
и историята на Адмирал Сууншин Лий, който спасил
страната, когато е била на ръба на разрухата. Тези разкази
винаги ме разчувстваха независимо колко пъти ги слушах.
Приказките за велики мъже, които запазвали своите
позиции и оставали верни -дори и в опасни за живота им
ситуации - бяха запечатани в сърцето на това малко момче.
Когато слушах тези предания аз не можех да забравя, че
трябва да уважавам родителите си, да следвам правия път
и да отвърна с добро за всяка милост до края на живота си
без да се променям.

Мечтаех да стана конгресмен

Започнах основното училище с мечтата да стана
конгресмен и баща ми често ме взимаше със себе си на
предизборните кампании. Вървяхме десет или петнадесет
километра до съответната предизборна секция. Водеше
ме на местните избори, общите избори и изборите за
президент. Искаше да ме възпита като политик, който да
изпълни важни дела за страната.

По това време на власт беше партията на Свободата

и много хора присъстваха на предизборните кампании. Ораторите ми се струваха прекрасни и изглеждаха забележителни хора. Често си мислех, "Когато порасна ще стана като тях..." Слушах речите им и всеки ден си мечтаех да стана член на Конгреса. Продължих да си мечтая за това, когато влязох в средното и висшето училище. Тогава посещавах сам предизборните речи, за да слушам кандидатите.

Преди да вляза в основното училище, вече знаех таблицата за умножение и Хангул (Корейска азбука) от моите братя и сестри, затова в училище не ми беше много интересно. Харесваше ми повече да си играя с моите приятели след часовете. Обичах агресивните игри – като играта на войници, борбата и боя с ритници. Бях сравнително по-силен от моите приятели на същата възраст и винаги исках да побеждавам независимо на какво играехме. Бях много упорит и горд. Никога не спирах докато не победя. Бях здрав. Дори и с финансови затруднения, майка ми продължаваше да ми дава лечебни билки, които бяха доста скъпи. Беше рядкост през онази епоха в селищата да се взимат такива лекарства. Любовта на майка ми към своя най-малък син беше огромна. Когато излизах навън, хванал за ръка майка ми, старите хора в селото често казваха: "Колко умно изглежда това момче... Ще стане някой като порасне...По лицето му мога да кажа, че ще стане забележителен човек...Грижи се добре за него!" Забелязвах, че подобни забележки доставяха удоволствие на майка ми. Виждах я понякога докато растях да посещава Будистки храмове, да дарява ориз и да се моли за благото на семейството.

Майка ми се молеше ревностно

Вечерно време майка ми взимаше душ, обличаше си бял Ханбок (Корейско традиционно облекло), излизаше навън, поставяше купа с чиста вода на подставката и се молеше на звездите. Тъй като бях най-малкият, имах навика да я чакам буден. Понякога, когато се бавеше повече от обикновено я наблюдавах през една малка дупчица на хартиения прозорец докато заспя.

Веднъж я попитах: "Майко, защо толкова се прекланяш и молиш?" и тя ми отговори: "Защото, когато се молих на Голямата Мечка, твоят брат се върна жив и здрав от войната в Корея и причината, поради която вие сте толкова здрави деца и растете добре е това, че се моля така усърдно." По-късно обаче в моя живот, когато бях болен в продължение на редица години, тя продължаваше да се моли за моето здраве на звездите, но молбите й оставаха без отговор. Веднага щом чу за внезапното ми пълно възстановяване по Божията воля, тя сама започна да ходи на църква. "Дълго време отправях молитви на Буда и на Голямата Мечка, но те не можеха да излекуват сина ми. След като синът ми бе излекуван в църквата, ще ходя на църква." След като каза това, тя изхвърли всички свои идоли и стана ревностна вярваща, служеща единствено на Бог.

Значението, което отдаваха моите родители на образованието

Тъй като бях най-малкият, трябваше да бъда послушен

и родителите ми ме обичаха по специален начин. Те бяха особено стриктни във възпитанието и дисциплината през целия ми живот. Те показваха на децата си не само основните човешки взаимоотношения, но и основната етикеция за възпитание и любезност, правилна стойка, начин на изразяване, обличане, хранене на масата, боравене с приборите, спане и събуждане. Подчертаваха също, че когато говорим не трябва да повишаваме глас; че не трябва да започваме да приказваме преди събеседникът ни да е свършил да говори; че не трябва да гледаме по-възрастните право в очите, когато ни говорят; че не трябва да разстройваме съседите ни, когато ги посещаваме; и независимо колко сме бедни, когато ни посети просяк, да не го оставяме да си иде с празни ръце и т.н. Учеха ни също да бъдем добри и търпеливи. Мисля, че именно поради възпитанието, което ми дадоха моите родители, дори и преди да срещна Господ, аз можех да се ръководя от моята съвест и хората често се допитваха до мен като "човекът, който не се нуждае от закона". Благодарение на строгото възпитание на майка ми и баща ми, след като приех Бог, аз можех лесно да кажа "Амин" и да действам подобаващо на всяка Божия заповед.

Като ученик на Китайската класика, баща ми е учил физиогномия – определяне на човешкия характер по лицето и гледане на ръка. Той можеше правилно да предскаже важни за нацията събития и различни неща, които се случваха в селото. Казваше ми: "Джейрок, ще станеш велик човек. Всичко изглежда добре, но линията на живота ти е сравнително къса и прекъсната по средата, което означава, че ти е писано да умреш рано. Но има една много тънка свързваща линия до линията на живота ти, тъй че ако успееш да надхвърлиш 30те, ще направиш много хора."

Баща ми беше много щастлив, когато прочете съдбата на лицето ми и ми гледа на ръка. Според него можех да умра рано, но ако успеех да надхвърля 30 години, щях да пътувам в различни краища на света и да спечеля уважението на много хора. Когато бях на 30 години се разболях тежко. Няколко пъти се намирах на прага на смъртта. Често пъти дори не знаех дали ще издържа до следващия ден. Докато бях в това състояние дори не можех и да си помисля някой ден да стана велик човек. Баща ми изпитваше жалост към мен, защото мислеше, че ще умра рано и затова правеше всичко възможно да ме обучава и да ми осигурява най-доброто. Майка ми също водеше много съвестен и праведен живот с мен и цялото семейство.

Инцидент в основното училище

Когато бях дете, бях много здрав. Тъй като бях нейния най-малък син, майка ми ме обичаше много, хранеше ме с мед, примесен с билки и природни екстракти. Затова обикновено бях по-силен от моите връстници. Въпреки младостта си, аз спечелих всички медали по Корейска борба и хората ме наричаха „Силният мъж". Много деца вървяха след мен и ме считаха за свой водач.

Под влиянието на Корейската война, с моите приятели играехме агресивни игри. Обичахме да играем на война, бой с мечове, ритане, борба и една игра, наречена „Сахби", която се сътоеше в това да победиш противника чрез задушаване. Когато децата се борихме един срещу друг, вдигахме ръце в знак, че се предаваме, обхванати от задушаващата хватка. Независимо от вида на състезанието, аз винаги се борих докато спечеля, защото бях горд и много упорит. Един ден в четвърти клас, докато си играех с приятел от средното училище нараних едно от ребрата си. Тогава не можехме да си позволим да отида в болница, майка ми и баща ми ми дадоха билки и просто чахахме да ми мине. Но всяко лято болното място продължаваше да ме боли. Изпитвах пробождаща болка, дишах трудно и не можех да тичам. Тъй като нямаше специално лекарство, баща ми сложи две отровни змии в един ликьор „Соджу" и трябваше да го пия всеки ден сутрин и вечер. Така се научих да пия от ранна възраст.

Друг път в четвърти клас имахме един учител с прякор „Лудият учител". С приятелите ми в училищния двор се борехме на играта „Саби" и този учител реши, че се бием. Извика ни в учителската стая, скара ни се и започна да ни удря шамари. След това накара всеки от нас да удари на другите по двадесет плесника. Получих шамари не само от този учител, но и от моя приятел. Впоследствие лицето ми се поду и ми се спука тъпанчето на ухото. Имах гноен секрет и нарушение на слуха. Учителят по-късно беше уволнен от училище, но аз продължих да страдам след този инцидент.

Моето юношество

Бях затворен и плах. През 1959 година завърших средно училище в град Кванджу и отидох в Сеул да продължа висше образование. Живеех с по-голямата ми сестра в Шинданг Донг, Сеонгдонг Гу, Сеул. Във втори курс отсъствах от училище повече от 40 дена, защото бях болен. Докато лежах в леглото някой, който никога преди това не бях виждал дойде в къщата да ме покръсти и да ме накара да приема Христос. Помислих си: "Колко глупав човек! Къде е този Господ, за когото говори? И без това не вярвам в Христос, но дори и да вярвах, как можех да обикалям така, с евангелието в ръка? Щеше да ме е срам да направя това."

Беше ми жал за хората, които посещаваха другите, за да им говорят за Господ. Като човек атеист, срамежлив и интровертен по характер, аз си мислех: "Сега има още една причина да не искам да вярвам в Бога — защото не искам

В гимназията

В училище

да обикалям така и да разпространявам евангелието." Баща ми, който беше ученик на Китайски класици ми каза: "Роден си с такъв характер, че няма да можеш даже да поискаш да ти услужат със щипка сол." Въпреки че по това време хората в селата бяха бедни, имаше достатъчно сол. Това, което се опитваше да ми каже беше, че имах такъв характер, който не ми позволяваше да тормозя или да притеснявам другите.

В основното училище, когато получих известието за плащане на учебната такса, не можех да го занеса на моите родители. Винаги пропусках датата на плащане, учителят ми се караше строго и каза да доведа родителите си — едва тогава показах известието на майка ми. Когато го видя, майка ми веднага ми даде парите. Аз знаех, че ще го направи, но беше много трудно за мен да й поискам пари. До такава степен бях затворен и срамежлив. Тези черти на моя характер по-нататък оказаха влияние и върху моето духовенство.

Направих опит за самоубийство след като загубих паметта си

Не бях в състояние да уча, както трябва във Висшето училище, защото имах много отсъствия поради болест. Целта ми беше да изкарам приемния изпит за инженери в Националния Университет в Сеул. Всеки ден пиех възбуждащи таблетки, за да ме държат буден и да мога да уча повече. С течение на времето, организмът ми свикна с тях и трябваше да увелича таблетките. По-късно се пристрастих и трябваше да ги взимам постоянно. Без тях ставах летаргичен и не можех да се концентрирам. Спях по четири часа на ден и учех ежедневно в Националната Библиотека, намираща се на мястото на днешните складове Лоте. След като учих така в продължение на една година, аз вярвах, че ще успея да взема успешно изпита за инженери в Националния Университет в Сеул.

През ноември 1962 година, с наближаването на изпита разбрах, че съм загубил паметта си. Четях вестника с новините по време на почивката и изведнъж осъзнах, че не можех да си спомня името на тогавашния президент, Д-р Синман Рий. Освен това, не можех да си спомня нито една дума на английски и нито една математическа формула, които толкова усилено се бях старал да запомня. Не можех нищо да си спомня. Това не беше временно явление. Опитвах се да си спомня всички неща, които бях учил усилено, но не бях в състояние да се сетя дори за основите. За момент почувствах, че потъвам в бездънна яма. Бях изгубил надежда за бъдещето и се намирах на ръба на дълбока депресия. С толкова затворена и свенлива натура, изкарах напразно цяла година в подготовка за приемния изпит и накрая бях загубил паметта си.

Как щях да погледна в очите моите родители след цялата тяхна подкрепа и всички трудности, през които бяха преминали заради мен? Чувствах се прекалено засрамен, за да продължа да живея. Реших да се самоубия и започнах да събирам Американски приспивателни хапчета от няколко различни аптеки. Хората казваха, че били едни от най-силните и най-ефикасните. По това време бях наел стая, за да уча близо до къщата на сестра ми и се хранихме заедно.

Казах й: "Сестричке, Ще отида при един приятел тази вечер и ще учим у тях. Няма да вечерям тук. Не ме чакай, моля те."

Сестра ми не знаеше за моя план и ми кимна положително. След като опаковах нещата си и след като написах прощално писмо до моите родители, братя и сестри, аз заключих вратата от вътре. Постлах одеялото в стаята, изпих много хапчета и си легнах. За известно време се чувствах напълно нормално и после загубих съзнание. Но има една приказка, че "Смъртта в този живот е просто начало на следващия."

Брат ми и зет ми имаха магазин за бельо на пазара Донгдеймуун. Обикновено затваряха магазина в десет часа вечерта, свършваха някои други работи и се прибираха вкъщи около полунощ. Този ден, за разлика от друг път, брат ми и зет ми решили да се приберат вкъщи по-рано от обикновено.

Брат ми казал на зет ми: "Братко, мисля че тази вечер вече е време да затворим магазина и да се приберем вкъщи по-рано."

"Наистина? Аз също исках да се прибера рано," отговорил той.

Този ден брат ми затворил рано магазина. Обикновено, когато идваше в къщата на сестра ми, той рядко влизаше в моята стая, за да не ми пречи да уча, но точно в този ден той искал да ме види по някакъв повод.

"Къде е Джейрок?" попитал той. "Каза ми, че отива при

свой приятел да учат у тях," отговорила сестра ми. Въпреки това, брат ми се доближил до стаята. Видял, че вратата била заключена и почувствал, че се е случило нещо лошо. Нахлул в стаята, намерил ме и забелязал, че съм бил студен като мъртвец. Брат ми казал на зет ми : "Може да оживее ако го закараме в болницата и му направят промивка на стомаха." Брат ми и зет ми ме закарали бързо в болницата, но поради многото изпити таблетки, докторът казал, че имам малък шанс да оцелея. Въпреки това след няколко дена съм бил в съзнание. В резултат от опита ми за самоубийство бях загубил и малкото памет, която ми беше останала. Дори след една година, паметта ми не се възстанови напълно. Въпреки всичко, продължих да уча усилено, взех успешно приемния изпит и през март, 1964 година постъпих в Университета Ханианг за Инженери.

Моята сватба и моята съдба

Докато бях в колежа, бях призован на военна служба и влязох в армията на 29 октомври, 1964 година. Към края на моята служба, един близък ме запозна с едно момиче, с което си пишех – момичето, което впоследствие стана моя жена.

Загубих всички наследени пари

През май, 1967 година, завърших военна служба и бях уволнен от армията, но имах неочаквана изненада. Преди да се присъединя към армията, получих от моите родители авансово таксата за втория семестър. Бях дал на заем тази сума на един близък роднина с уговорката, че ще ми ги върне с лихви, когато завърша военната служба. Но семейството на моя близък имаше проблеми и дори не получих основната сума. Брат ми и зет ми разбраха за ситуацията и ми дадоха парите за таксата. След завършване на военната служба, срещнах момичето, с което поддържахме кореспонденция и моята настояща жена и се влюбих искрено в нея. Ние се сгодихме.

Очите й бяха големи и светли като езеро. Когато разбра, че съм получил парите за учебната такса, тя ме помоли да й ги заема за малко. Дадох й парите назаем, но не можа да ги върне, както беше обещала. Впоследствие не можах да се запиша за втория семестър и трябваше да чакам няколко месеца. Накрая реших да се върна в моя роден град. Казах на моите родители: "Майко, Татко, скоро ще се оженя, затова ви моля да ми дадете предварително моята част от наследството. Част от парите ще израходвам за сватбата и тъй като моята годеница е фризьорка, ще отворим козметичен салон, за да се издържаме. Ще внеса останалите пари на спестовен влог в банката и ще уча със стипендията. След като завърша, ще замина за Съединените щати и ще се върна с докторска степен." Обясних им бъдещите си планове сякаш им представях план-проект и успях да ги убедя. Те не можаха да не послушат сина си и с известна неохота ми дадоха парите от наследството. Върнах се обратно в Сеул и мечтаех за розово бъдеще с огромната сума по наследството, но нещата тръгнаха зле. Трябваше да се срещна с годеницата ми на гарата в Сеул и тя не пристигна. Не можах да я намеря цяла седмица.

Сестра ми се обади и каза: "Братко, чух, че си получил твоята част от наследството! Каква лихва ще можеш да получиш от банката? Една от моите най-добри приятелки има търговска фирма и ако инвестираш с нея, ще спечелиш много пари. Аз също ти давам гаранция, така че не трябва да се притесняваш." Като наивник, послушах сестра си. Тъй като нямах новини от моята годеница, наех едно жилище и дадох останалите пари на сестра ми.

След няколко дни годеницата ми се появи. Семейството й не било съгласно да се омъжи за мен и през цялото това време тя се опитвала да ги убеди. Накрая и тя направила опит за самоубийство с приспивателни. Завели я в болница и едвам я спасили. Тъкмо я бяха изписали от болницата.

Получих от сестра ми двумесечната лихва за парите, които й бях дал и повече не чух нищо от нея. Обадих й се и казах: "Сестричке, трябва да платя таксата за новия семестър, затова моля те, върни ми парите." Тя не ми отговори. След Нова година, отидох в къщата на сестра ми и поисках парите, за да продължа образованието си. Тя беше притеснена и ми каза: "Братко, вярвах, че приятелката ми, на която заех парите, има търговска фирма, но се оказа, че е измамничка. Прибраха я в затвора и не мога да ти върна парите." Бях обезсърчен. Помислих си: "Какъв ужас! Аз дори още не съм завършил училище! Каква е тази катастрофа?" Тъй като сестра ми не можеше да ми върне парите, загубих цялото си наследство просто така, за един миг. Реших да започна работа, за да спечеля пари и да посещавам вечерно училище. Започнах работа като журналист за един вестник и през януари, 1968 година, аз и любимата ми годеница се оженихме.

Бях спокоен за алкохола

По време на работа като репортер

След като се оженихъ, през март 1968 година, в един неделен ден имахме гости по случай новия ни дом. За да се подготвим за празника, купихме 40 бутилки уиски от Донгдеймуун и моите приятели също донесоха много напитки. Сутринта посрещнах моите колеги, следобед се срещнах с моите приятели в Сеул и вечерта видях приятелите ми от моя град. Празнувах цяла вечер до късно през нощта. Бях сигурен, че мога да издържам на алкохол и не отказах нито един път да пия с моите приятели, дори и на сутринта. Със сигурност съм изпил поне 7 бутилки с уиски и от толкова много твърд алкохол, имах проблем със стомаха. След като изпратих всички гости късно през нощта, аз си легнах в леглото доволен, че съм организирал успешно тържество.

Изведнъж таванът на стаята се завъртя. Електрическите крушки започнаха да се въртят и всичко останало заедно с тях започна да се върти. Повръщах толкова много, че почувствах вътрешностите ми да се качват в гърлото. Съпругата ми купи лекарства от аптеката, но повърнах и тях преди да мога напълно да ги преглътна. Толкова ме болеше, че дори и вода не можах да пия. От този ден нататък не бях в състояние да поема добре никаква храна и поради болката в стомаха, не можах да се храня. Опитах всичко, включително билки, но нищо не ми помагаше. Съпругата ми и аз вярвахме, че всичко ще се оправи с течение на времето, но времето минаваше и ставаше все по-зле докато тялото ми започна да излиза от контрол.

Опитвах се да оздравея

Наложи се да напусна работа. Взимах всякакви лекарства и постъпвах в различни болници, за да получа правилна диагноза. Не откриха нищо друго освен стомашна язва, но аз продължавах да отслабвам и да имам много усложнения. След три или четири години, нямах здрава част от тялото. Приличах на "ходещо хранилище на болести." Пробвах всички лекарства, за които се твърдеше, че са добри, но страдах от екземи по цялото тяло, всяка сутрин раните ми гнояха и гнойта се сгъстяваше. Главата ме болеше непрекъснато, носът ми винаги беше запушен и паметта ми се влошаваше.

Имах също проблем с лимфите. Отначало беше просто като малко топче в гърлото, но след това се разрасна и доби размерите на гроздово зърно. Поради възпалението на лимфите, не можех добре да си завъртя врата. Докторът по ориенталска медицина каза, че не може да ми даде отделно лекарство за лимфното възпаление, тъй като взимах много други лекарства. Освен лимфното възпаление, страдах също от нервно разстройство, безсъние, екзема, анемия, инфекция на средното ухо и моите вътрешни органи, включително стомахът, дебелото и тънкото черво не функционираха добре.

Опитах дори да променя името си

Съпругата ми ходеше да търси всякакви медикаменти и опитахме народни лекарства за моите болести. Но след напразните й няколкогодишни усилия, тя стана суеверна. Някои хора й казваха: "Той може да се излекува. Трябва да извикате екзорсист и да опитате екзорсизъм." Казах й: "Ще успеем ако извикаш Будистки монах да изгони демона." Съпругата ми отиде при различни монаси и проба екзорсизъм според техните напътствия. Накрая дори променихме името си.

Някои хора ни казаха, че ако сменя името си, съдбата ми също ще се промени и помислихме, че има смисъл. По това време, близо до централния правителствен център имаше много служби за промяна на името. Рано сутринта отидохме до "Служба за смяна на имената на Бонгсуу Ким". Чакахме цял ден докато ни приеме. "Имаш лошо име. Защо не смениш името си?" Оттогава започнахме да използваме имената, които той ни даде, но без успех.

Страданието на болния баща

Тъй като бях затворен човек, аз се опитвах да скрия моето влошено състояние дори от съпругата си. Семейството ми задлъжняваше все повече и повече и не бях способен просто де седя и да гледам. Започнах да обикалям различни места, за да търся работа. Но заради проблема с ушите, не можех да чувам и да си намеря работа. Слухът ми толкова се влоши, че не беше възможно да говоря по телефона, което направи задачата ми неизпълнима.

Наложи се да потърся по-независима работа. Започнах да продавам малки масички, за което излизах на улицата, но бях прекалено срамежлив, за да викам: "Маси! Продавам маси!" След няколко безуспешни дни, аз придобих увереност и хората започнаха да ги купуват.

Един ден през 1972 година, когато се бях запътил да продавам маси, изведнъж почувствах, че кракът ми се парализира и всяка крачка стана изключително болезнена. Оставих масите наблизо и се прибрах вкъщи с автобуса. От този момент нататък останах на легло. Оказа се, че имах ревматичен артрит. Изпитвах остра болка при ходене и скоро започнах да използвам бастун. Психическата травма беше по-голяма от физическата. Бях много разстроен от факта, че не можех да чувам. Както вече споменах, бях си спукал тъпанчето на едното ухо по време на един инцидент в основното училище, но поради силните лекарства, които взимах от 5-6 години, другото ми ухо също започна да се влошава. Независимо колко упорито се опитвах да чета хората по устата, ако наоколо беше шумно, аз не разбирах какво казваха, а не бях в състояние да кажа на моите близки, че оглушавам. Страхувах се да не ме обявят за „инвалид". Когато другите ми приказваха, аз им отвръщах погрешно, защото не можех да ги чуя или не им отговарях изобщо. Изчервявах се от срам и от чувство за малоценност.

За жена ми беше трудно да се грижи за мен и да изплаща сама лихвите по нашите дългове. Тъй като наемахме най-евтините жилища, често трябваше да се местим. Преместихме се от Ах-Хайонг Донг в Кимпо, в Сангдо Донг, в Чонгно, в Дууксам и т.н. Понякога, когато наистина бяхме отчаяни, живеехме в къщата на моите родители или на нейната сестра. Най-накрая, след толкова обикаляне се настанихме в планинското село Киумхо Донг. Къщата ни беше тухлена и приличаше на блок, а от предната врата в далечината се виждаше реката Хан.

Тъщата ми вече е починала, но навремето плачеше много заради мен. Тя ме заведе в болницата и при един билкар, за да ми приложат акупунктури или билково лечение. Поради това, че не бях в състояние да ходя, моите приятели ме смъкваха на гръб надолу в планината, откъдето взимахме такси с тъщата ми, за да отидем до болницата. На връщане от болницата, тя ми купуваше оризов ликьор – най-вероятно от съжаление и ми казваше: "Синко, знам, че те боли, пийни си, за да се ободриш..."

Съпругата ми беше обзета от отчаяние

Съпругата ми ходеше нагоре надолу да взима заеми за моите лекарства. В същото време дълговете ни растяха. Когато се нуждаехме от пари спешно, тя отиваше да иска от своите родители, от сестра си или при от брат си. Изплащаше натрупалите се лихви по нашия дълг и с останалите средства ми купуваше лекарства. Скоро близките на жена ми ме обявиха за много лош мъж. Според тях не полагах грижи за моето семейство като добър съпруг и тяхната най-млада и най-обична дъщеря страдаше. Тъй като се разболях малко след сватбата, ние не се нарадвахме на първите години от нашия брак като младоженци. Съпругата ми пое двойната роля да ни издържа и да се грижи за семейството. Тя трябваше да отглежда две дъщери и се бореше за насъщния. Чувстваше се изтощена и някогашният й нежен и мек характер загрубя от наложените й отговорности.

В продължение на 5-6 години тя полагаше грижи за мен

с единствената надежда, че ще възстановя здравето си, но като виждаше моето непрекъснато влошаващо се състояние, започваше да се отчайва. Леко раздразнителна по характер, всеки път, когато нещо я разстройваше, тя събираше багажа си и отиваше при своите родители...

"Нямам нужда от любов. Точно сега се нуждаем от пари. Иди да изкараш малко пари!" Тя изплащаше заема с пари от частни заемодатели, които имаха висока дневна лихва. Всеки път, когато трябваше да плаща, тя напускаше дома с думите, че не може повече с този брак, но след няколко дни се връщаше.

С помощта на по-голямата й сестра, тя отвори малка закусвалня на пазара Киумхо Донг. Беше добра готвачка и имаше много клиенти. Отиваше на работа рано сутрин и работеше до късно вечерта. Прибираше се в 12 часа през нощта изморена и изтощена. Напрягаше се да изплати, колкото се може повече от дълга, но когато се връщаше вкъщи и ме намираше да лежа болен, тя губеше всяка надежда и се дразнеше от най-дребните неща. Двете ни дъщери вече бяха деца, отхвърлени от обществото. Откакто съпругата ми отвори салона, аз се опитвах да се грижа за нашата първа дъщеря Миянг, а Микянг – нашата втора дъщеря, живееше с майка ми в къщата на моя брат.
"Как може толкова да прилича на баща си?"

Може би, защото приличаше толкова много на болния си баща? Микянг беше лишена от всякаква възможност да получи нашата любов поради специфичната ситуация. От време на време, когато посещавах къщата на брат ми и я виждах да играе с някой парцал в уста, сърцето ми се свиваше, но поради моето състояние, аз не можех да я заведа обратно вкъщи и да се грижа за нея. Страдах много. По това време имах невроза и бях чувствителен към най-незначителните неща. Всеки път, когато съпругата ми казваше нещо, с което засягаше моята гордост, възникваше спор. В тези случаи тя казваше, че иска развод, събираше багажа си и избягваше отново при своите родители.

"Как може да продължавате така? Мисля, че и за двамата е по-добре да се раведете."

Близките на моята съпруга дойдоха при мен и показаха своето неодобрение на висок глас, за да ни чуят всички в околността. Лицето ми почервеня от ярост и смущение. Съпругата ми, която ме беше напуснала се завърна и каза: "Не се върнах заради теб. Върнах се заради дъщеря ми. Ако някога оздравееш, ще се разведем. Аз искам да го направя сега, но хората ще ме сочат с пръст, че съм напуснала болен съпруг. Затова, не сега!"

Плътската любов се променя

През 1972 година, аз се погледнах отстрани и видях тяло, изпълнено с нелечими болести. Бях взимал толкова силни лекарства, че всички инжекции и медикаменти бяха безрезултатни. Родителите ми, братята и сестрите ми с моите близки започнаха да ме сочат с пръст и да странят от мен. Съпругата ми ме избягваше. Дори майка ми ми обърна гръб. Тя беше на 70 години, когато дойде да ме посети. Когато видя немощния си син, тя започна горчиво да плаче.

Мислеше, че състоянието ми е безнадеждно.

"Ох! Ох! Да умреш бързо би било по-добре за теб. Така ще ме дариш с уважение."

Колко ужасно трябваше да бъде моето състояние, за да каже майка ми, която най-много ме обичаше, че предпочиташе да умра, за да я възнаградя с чест? Мислех си, че майка ми никога нямаше да ме изостави, дори и целият свят да се обърне срещу мен. Тогава разбрах, че човешката любов е мимолетна. При промяна в условията, любовта се променяше.

След като родната ми майка не можеше да разбере моите страдания, как можеше да го направи брат ми? Един път брат ми ме посети пиян и каза, че искал да ме утеши. Вместо това, думите му ми причиниха още повече страдание .

Провал на втория опит за самоубийство

Чувствах се като малка птичка, пърхаща отчаяно с крила в напразния си стремеж да оцелее. Първият път, когато жена ми събра своите неща и замина при родителите си, аз отидох там и я прибрах. Вторият път, когато го направи, не се осмелих да я върна обратно, защото не исках да се срещна с презрението и пренебрежението на нейните роднини. Винаги, когато мислих за бъдещето на моите дъщери силното желание да оцелея ме обливаше като пролетен дъжд, но веднъж застанал пред стената на действителността, аз се чувствах безпомощен. Считах, че нямаше изход от сянката на смъртта и започнах отново да събирам сънотворни в желанието си възможно най-бързо да сложа край на мизерния си живот.

Достатъчно лоши бяха страданията от болестта, но още по-непоносимо беше, че собствената ми съпруга не се държеше мило и ме нараняваше. Загубих всякаква воля и желание за живот. Реших, че вместо да връщам жена си от къщата на нейните родители, по-добре щеше да бъде да умра. Така изпих двадесетте хапчета, които бях събрал.

Денят, в който изпих таблетките, жена ми беше в къщата на своите родители. Тя не можела да заспи и била много нервна. Споменала, че не можела да се отърси от мисълта, че нещо лошо ставало у дома. Изнервена още повече, взела такси и се втурнала вкъщи, за да види, че умирам. Закарала ме бързо в болницата, където ме лекуваха и спасиха. "Дори не мога да умра, както искам. По-добре повече да не се опитвам да се самоубивам." След като дойдох на себе си в болницата, аз се замислих за двата неуспешни опита за самоубийство и почувствах една висша сила да се намесва в живота ми. Тогава реших повече да не правя опити за самоубийство.

Предполага се, че котките помагат за ревматичен артрит

Понякога, когато тялото ми беше по-добре, аз се разхождах наоколо с бастун. Друг път, когато състоянието ми се влошаваше, страдах много и не можех да помръдна нито един мускул. Някой трябваше да ме храни. Съпругата ми беше чула, че котките помагат за ревматичния артрит и тя изкупи котките не само от всички пазари на нашия район Сунгдонг Ку, но и от други пазари като Донгдеймуун и Джуунгбу. Тя ги свари, за да мога да ги изям. Понякога, когато не бяха сготвени добре, миришеха толкова лошо, ще предпочитах да умра, отколкото да ги ям.

Майка ми и жена ми носеха всичко вкъщи, което хората казваха, че е добре. Готвеха ми стоножки, женско биле и кората на лаково дърво. Храниха ме също с жлъчката на кучета и мечки. Опитах змийски ликьор. Битката ми с всички болести продължаваше. Казваха, че немските таблетки за проказа са един вид отрова за лечение на проказата. Тъй като страдах от заболяване на кожата, което засягаше цялото ми тяло, пиех безуспешно и тези таблетки с надеждата да се излекувам.

Пиех сок от екскременти в продължение на 15 дни

Бях опитал всички лекарства, медицински лечения, народни лекове, билки и дори суеверия и ексорсизъм, но изглежда здравето ми чезнеше все повече и повече в бездънна яма.

"Джейрок, много известен лекар дойде в града. Какво ще кажеш да те прегледа?"

"Да, защо не? Нямам какво да губя." Послушах съвета на моите приятели в Киумхо Донг и отидох да видя лекаря. Той измери пулса ми, прегледа ме и каза: "Цяло чудо е, че си жив. Изглежда имаш пулс, но пулс няма. Чудо е, че си жив. Има един начин да излекуваме твоите болести. Бил си запален спортист, когато си бил млад, нали? Често ли са те били по време на спорт? По цялото тяло имаш участъци с мъртви кръвни клетки, запушени кръвоносни съдове или кръв в околната тъкан. Това е причината за твоето влошено здраве."

"О, наистина ли? Какво ще ми предпишете?"

"На железопътната гара в селото има обществени тоалетни. Утайката от екскременти на дъното на тези тоалетни се разлага вече повече от десет години. Изгреби я и я пий от бирена халба три пъти на ден в продължение на 15 дни. Тогава ще изчезне кръвта, проникнала извън кръвоносните съдове в околната тъкан и отново ще бъдеш здрав."

Лекарят ми даде подробни указания как да събера утайката от екскременти. Всичко, което трябваше да направя беше да привържа борови игли към отвора на буркана, за да направя филтър, после да закрепя един камък на буркана и да го пусна в тоалетната. Тогава бистрият екскрементен сок щеше да напълни буркана. Ако пиех този сок и оздравеех, бях обещал на доктора да му платя щедро. Съпругата ми и аз бяхме толкова щастливи, мислейки че това е последното спасение, че се втурнахме към гарата на селото, танцувайки от радост. Майка ми беше чула обясненията за събирането на лекарството и прекара цялата нощ, събирайки екскрементен сок в една красива купа, която ми донесе много внимателно.

В продължение на 15 дни аз пиех този сок без да пропусна нито веднъж. От ужасната миризма беше трудно да преглътна дори един път, но воден от силното ми желание да оздравея, аз го пиех със сламка, после си миех зъбите и лапвах един бонбон, който ми даваше майка ми. Но миризмата не изчезваше. В края на петнадесетте дни разбрах, че и това няма да помогне.

"Майко, ако умитам, ще отида в дома ни в Сеул и ще умра там."

Глава 2

Бог наистина съществува!

Когато падне последното листо, ще завърши и моят живот

Как моята втора сестра ме покръсти

Когато последната ни надежда да пия екскрементен сок завърши безуспешно, съпругата ми и аз се завърнахме в Сеул крайно отчаяни. Сега единственото ми желание беше да умра бързо, затова легнах в леглото и гледах как времето минаваше загубено. Прекарвах дните си в нашата сива тухлена къща, четях книги или пиех Корейски оризов ликьор. В малкото едностайно жилище имаше бутилка с оризов ликьор, кутии с лекарства и разпиляни навсякъде книги назаем.

В моето семейство единствената вярваща беше втората ми сестра. Тя беше загубила зрението си с едното око в резултат от висока температура като дете. Омъжи се за младо момче от съседното село и отгледа трима сина и две дъщери. Водеше праведен живот. Един ден, някой й показа евангелието и тя започна да ходи на църква. Майка ми и братята ми мислеха, че е фанатичка и не одобряваха нейните посещения в църквата. "Работиш толкова усилено на полето и после даваш всичко на църквата. Дори в неделя не работиш, за да идеш на църква. Винаги ще останеш бедна. Кога мислиш да забогатееш?" Дори когато майка ми я атакуваше, тя просто се усмихваше и казваше: "Майко, такава радост е да вярваш в Христос. Защо не ходиш и ти на църква?"

Всяка неделя, тя свършваше домакинската работа рано сутрин и отиваше на църква, където избърсваше амвона. Когато имаше първа реколта с първите плодове или нещо ценно, тя тайно го оставяше в къщата на пастора и избягваше. Обичаше да служи на църквата по този начин.

Посещаваше редовно религиозните сбирки и ревностно очакваше Божията милост. Дори остави златната си халка като дарение, която беше много скъпа по онова време .

"Господи, дай ми вяра, ценна като златото. Дай ми вяра като златото, която няма никога да се промени, дори с течение на времето."

Още от детството моята втора сестра беше любимата ми сестра. На практика докато учех в Сеул, аз живеех в къщата й по време на ваканциите. Тя опитваше да ме покръсти всеки път, когато имаше възможност. Дори когато се разболях, толкова много ме съжаляваше и постоянно ми казваше да отида на църква: "Братко, ако идеш на църква, Бог ще те излекува. Отново ще бъдеш здрав."

"Сестричке, моля те, не бъди смешна. Живеем в епоха, когато хората летят с космически кораби до луната. Къде е Господ на света? Покажи ми го ако е жив."

Сестра ми настояваше да повярвам в Бог много пъти, но тъй като бях упорит, аз настоявах, че ако Бог наистина съществуваше, тя трябваше да ми го покаже.

Когато падне последното листо, ще завърши и моят живот

Чувствах се като герой на известен роман. В романа, героят живееше в постоянно отчаяние без никаква надежда за бъдещето и вярваше, че някой ден, когато от силния вятър паднеше последното листо на едно пълзящо растение, тогава ще завърши и неговият живот. Аз също живеех в постоянно отчаяние без надежда за бъдещето.

През април на 1974 година, розови азалий и жълти златни камбанки изпъстриха хълмовете и поляните в цялата околност. Ароматът им беше навсякъде, но моят живот гаснеше и всяка глътка въздух сякаш ме доближаваше до смъртта.

"Всички твари се съживяват по това време на годината. Но кога ще свърши моят живот, изсъхнал като това последно листо?"

Никой не се радваше да ме види. Не можех да ям ориз или месо, но можех да пия алкохол. Алкохолът беше моят единствен приятел. По онова време, когато едвам живеех от ден за ден, аз бях зависим от алкохола. Моите родители, братята и сестрите ми идваха да ме видят все по-рядко. Когато вече не очаквах никой да дойде да ме посети, един ден някой почука на вратата. Беше моята втора сестра –

тази сестра, която толкова много обичах.

"Сестричке, какво те доведе в Сеул? Заповядай, влез!"

"Имах работа в Сеул."

По това време на годината имаше най-много работа на полето и бях доволен, макар и много изненадан да я видя.

Помоли ме да я заведа

"Братко, направи ми една услуга. Трябва да ми помогнеш с нещо. Има едно място, което искам да посетя от дълго време. Моля те, заведи ме там."

"Моля? Какво имаш предвид? Знаеш, че не мога да ходя много добре." "Знам. Знам. Но толкова много искам да видя това място, че те моля за твоята помощ."

Отначало й отказах под предлог, че не можех да я заведа заради болното ми тяло, но тя ме моли толкова настоятелно, че ми стана неудобно и накрая нямаше как повече да й отказвам.

Мястото, което искаше да посети беше една от лечебните мисии, ръководени от старши дякона Шин-ае Хюн - добре известна с дарбата си за божествено лечение. Причината да се запозная със старши дякон Хюн бяха постоянните молитви на сестра ми за мен и опитите й да ме заведе на църква. Сестра ми знаеше, че ако ме беше помолила да отида да се лекувам в църквата, щях да й откажа. В своите молитви сестра ми получила просветление от Бога как да ме накара да отида на църква като ме помоли да я заведа.

Преди да повярвам в Бог

В училище учих Дарвиновата теория и затова съм атеист. Смело заявявах, че няма духове. Но всъщност, сам пред себе си, не можех да отрека съществуването на Бог. Като се имат предвид толкова неща, не можех да прогоня мисълта, че има живот след смъртта. Всъщност дълбоко в сърцето си аз приемах съществуването на Бога Създател. Мислех си: "Ако има наистина Бог, тогава сигурно има и ад, ад като този, който гледах в един филм. Какъв ще бъде тогава моят живот след смъртта?"

След като сълбоко в себе си не отричах съществуването на Бог, трябваше да приема също, че имаше живот след смъртта. С част от моето сърце аз изпитвах страх от ада. Ето защо дори и преди да повярвам в Бог, аз се опитвах да водя добър и праведен живот.

Все пак, сестра ми не искаше от мен да присъствам на лечебната церемония, просто ме беше помолила да я заведа до мястото на Християнския сбор и аз се съгласих. На 17 април, 1974 година, тя стана сутринта и се приготви бързо. Искаше да тръгнем рано, за да бъде в първите редици. Излизах от дома ми за първи път от много време. Беше ми изключително трудно да слизам надолу от хълмистия град Киумхо Донг, затова ни отне много време. Взехме автобус до Сеодеймуун и пристигнахме в църквата на старши Дякон Шин-ае Хюн.

Всички ли са луди тук?

Въпреки че по онова време и двете ми тъпанчета бяха спукани, можех слабо да чувам звуците. Вторият етаж вече беше пълен, затова се качихме на третия етаж. Стъпалата не бяха много наклонени, за да улеснят инвалидите. Тъй като вървях с бастун, за мене беше трудно да следвам сестра ми.

Мисля, че беше време за групова молитва. Хората около мен бяха вдигнали ръцете си и се молеха на висок глас. Никога преди това не бях виждал нещо подобно, затова просто седях и гледах. Тогава забелязах, че сестра ми коленичи, помоли се също с трепереши ръце и след това се изправи.

Всички изглеждаха луди, включително сестра ми. Почувствах топли вълни и лицето ми се изчерви. Исках единствено да си тръгна от там. Но все повече хора идваха и сядаха зад мен и аз не можех да си отида. Исках да си тръгна веднага, но какво можех да направя? Не можех просто да оставя сестра ми и да си ида сам вкъщи! Никога преди не бях виждал някого да се моли така — и още по-малко в група — развълнувах се от гледката на толкова хора, които махаха с ръце и се молеха на висок глас. Не беше възможно просто да си отида вкъщи, затова седях. Помислих си, че и аз можех да коленича. Коленичих и затворих очите си. Изведнъж гърбът ми се изпоти и потта ми започна да се стича надолу. Беше пролетен ден, но не беше горещо. Аз бях изключително слаб — само кожа и кости — беше невъзможно да се потя така. Беше много странно и си помислих: "Чувствам се объркан и смутен от това, че съм тук и сигурно затова се потя толкова много!"

Трябваше да мине известно време, за да разбера, че веднага щом коленичих на този ден, Господ изгори моите болести с огъня на Святия Дух. От амвона, който беше доста далеч, старши Дяконът Шин-ае Хюн, облечена в бяло, се молеше страстно. Звукът от високоговорителите беше много силен, но аз не бях в състояние да го чуя добре. Дочувах само откъслечни думи. "Колко хубаво щеше да бъде да чуя какво казва тази жена!" помислих аз.

Имаше голяма промяна в сърцето ми след като се бях изпотил (всъщност бях докоснат от Святия Дух). Исках да чуя посланието на Старши Дякона Шин-ае Хюн. Сестра ми каза: "Братко, защо не приемеш молитвата като всички останали хора тук?"

След проповедта, лицето на сестра ми сияеше, когато ме потикваше да приема молитвата. По нейно настояване аз се запътих, притиснат от други хора, към мястото, където стоеше старши дяконът.

От високоговорителите продължаваха да се чуват звуци, те представляваха изповедите на онези, които бяха излекувани чрез молитвите. Можех да чуя части от думите и някой разказваше как е получил "Огъня на Святия Дух" и е бил излекуван, когато старши Дяконът Шин-ае Хюн е положила ръката си върху него.

"Били са излекувани чрез молитва, но аз все още не вярвам."

Старши Дяконът Шин-ае Хюн потупваше с ръка всички хора по главата и по гърба, когато минаваха покрай нея. Само това. Тя ме потупа по главата и по гърба и ме побутна напред, както другите. Помислих си: "Отнася се с хората като с багаж! Мисля, че е измамница." Може би беше поради многото хора, но тя не се молеше за всеки човек, просто ги потупваше и ги отблъскваше и аз се почувствах обиден.

В този момент си припомних за един инцидент от моите дни в основното училище. Една жена от областта Джунг-еуп беше известна с лечебните си умения. Сеансът й беше публикуван в дневния вестник и много хора се събраха в Джунг-еуп. Племенникът ми също отиде, защото имаше гной от едното ухо. След 15 дни стана известно, че е измамница и я арестуваха. Някои от ежедневниците публикуваха и други статии за това. Зачудих се дали и тази жена не беше измамница като онази в областта Джунг-еуп.

Дълбоко замислен, аз вече бях слязал по стълбите.

"Това е странно! Слязох долу без никаква болка или затруднение."

Чувам! Чувам!

Сестра ми беше толкова щастлива, че нейното желание се беше сбъднало. Качихме се на автобуса. Изведнъж започнах да чувам силни звуци като буря и си помислих: "Колко странно! Защо чувам толкова силен шум?"

Оглушителният шум спря, когато слязох от автобуса на пазара Киумхо. Казах довиждане на сестра ми и влязох в закусвалнята, която съпругата ми държеше на пазара. Имаше много храна на бара и включително месо. Можех да чуя разговорите на останалите клиенти докато се хранеха и пиеха. Толкова бях щастлив, че ударих с юмрук по масата.

"Чувам! Чувам!"

Изненадана, съпругата ми ме попита: "Какво става,

можеш да чуваш ли? Какво чуваш и как така ме чуваш сега?"

"Чувам ясно как говорят клиентите. Скъпа, гладен съм. Искам да ям нещо. Ще ми дадеш ли малко ориз с месо?"

"Моля? Ще получиш стомашно разстройство и ще повърнеш всичко!"

"Добре съм. Чувствам се добре със стомаха. Не се притеснявай и ми дай малко храна."

Изядох ориза и месото веднага щом жена ми ги донесе. Обикновено можех да ям само малко ориз и това беше удивителна промяна. Чувствах, че нямам проблеми с храносмилането. Всъщност, нямах никакви проблеми.

Неоспоримо чудо!

На следващия ден, когато се събудих сутринта отидох в банята, както обикновено. Първата част от сутрешната ми рутина беше да отида в банята, да обвия една клечка с памук и да изчистя гнойта от ушите си. Правех това, за да не се притеснява съпругата ми като го види. Опитах се да се изчистя, както обикновено, но нямаше нищо. Беше чисто. Освен това, рано сутрин имах анемия. Толкова бях анемичен, че трябваше0 да събера сили, за да отида в банята. Но осъзнах, че този ден съм отишъл в банята веднага след като се събудих. Това не беше всичко. Поради тежката форма на артрит, имах гной на ръцете си, на клепачите, колентете, лактите и други ставни връзки. Бялата гной този ден се беше превърнала в черна коричка.

"Не мога да разбера това. Колко странно!"

Изведнъж сърцето ми се разтуптя. Все още развълнуван, аз се върнах в стаята. Съблякох се и прегледах внимателно тялото си. Когато спях, не можех да се обръщам добре и трябваше да спя на една страна заради лимфното възпаление. Буцата с размери на гроздово зърно върху лимфната ми жлеза беше изчезнала. Спомних си още нещо, което се беше случило преди, когато бях болен. Беше зима и ние винаги имахме една тенджера с гореща вода в кухнята. Както обикновено на сутринта, аз се наведох да взема малко топла вода. Тенджерата беше само наполовина пълна, огънят беше силен и водата кипеше.

Когато загребах вода с черпака, горещата пара ме лъхна в лицето. Опитах се да се отдръпна от парата и се полях с вряла вода. Изгорих си ръцете и гърдите. От изгарянето ми бяха останали грозни белези и обикновено не можех да сваля пред никого ризата си.

Дори и тези белези бяха изчезнали! Беше невероятно чудо. Нямах вече проблеми с тялото си.

В този момент си спомних какво се беше случило предния ден. Бях в състояние да се качвам и да слизам по стълбите без никаква трудност. На път за вкъщи, чух оглушителен шум. Можех да чуя клиентите да говорят в закусвалнята. Вече не бях анемичен след тази сутрин. Нямаше повече гной и коленете не ме боляха при свиване.

"Бог наистина ли ме излекува?"

Лице в лице с истината, на която не можех дори аз да повярвам, бях толкова изненадан. Повече не взимах лекарства и спрях да се лекувам! Всички болести бяха изцерени! Повече от десет различни вида болести, които не можех да излекувам с никакви лекарства, бяха излекувани наведнъж!

"Бог наистина съществува."

Бях глупав човек, но как можех повече да се съмнявам? Коленичих и вдигнах ръцете си към небето.

"Ах, Господи! Наистина съществуваш! Как можа да ме излекуваш така изведнъж? Моля те, прости на глупавия мъж. Пренебрегнах всички проповедници, когато ме убеждаваха да повярвам в Бог. Ти наистина си жив и ме излекува напълно!"

Опитах се да се осъмня, че това е било случайност, но не можех да се съмнявам. Чувствах се сякаш летя. Не можех да повярвам, че това е реалност. Съпругата ми, която беше отвън, ме чу да се моля и влезе в стаята много изненадана.

"Скъпа, влез и виж тялото ми. Господ ме излекува!"

Изненадана, съпругата ми разгледа тялото ми и трябваше да повярва също, че Бог ме е излекувал. Толкова беше щастлива, че ме прегърна и започна да ридае силно. Плакахме дълго време. Всичката мъка и болка се разтопи и се изпълнихме с радост и благодарност.

Този, който ме излекува

В момента, в който клекнах в църквата, Бог излекува напълно всичките ми рани с огъня на Святия Дух. Дори и преди старши дяконът Шин-ае Хюн да се помоли за мен, Господ вече ме беше излекувал с огъня на Святия Дух. Бях атеист и не вярвах в Бога. Дори не бях помолил Бог да ме излекува, тогава защо го направи? Мисля, че това беше Божият отговор на молитвите на сестра ми, която дълго време постеше и се молеше за моето спасение. Другата причина може би беше, че Господ е знаел, че след като Го позная аз нямаше да се присъединя към другите или да Го предам, а щях да живея единствено по Неговата заръка и да Го обичам до края.

Развод и възстановяване на моя живот

Щастие за три месеца

Както в приказката за „Синята птица на щастието," имах чувството, че в семейството ми е дошла синята птица на щастието. Най-значителната промяна в моето семейство беше, че ходихме в близката църква и посещавахме неделната литургия. Чувствахме, че трябва да се отплатим на Бог за милосърдието, с което ме излекува.

Все още оставаше големият ни финансов дълг и други неща, които не се промениха, но въпреки всичко бяхме щастливи и доволни. Благодарен бях за облекчението от болката на моите страдания. Изпълнен бях с надежда и вяра, че ще мога отново да работя усилено и да се издържам сам.

Обсъдих нашето бъдеще със съпругата ми. Всички болести си бяха отишли и след няколко месеца щях да мога да работя отново. Тогава щяхме да изплатим дълга и да разширим закусвалнята, да работим усилено заедно, да спечелим много пари и да имаме голям ресторант. По онова време имаше един човек, специалист по изработване на костюми за гмуркане. Работех при него като помощник, като се надявах, че по този начин щях да възстановя бързо тонуса си. Отначало се изморявах веднага от най-малката работа, но скоро възстанових енергията си. Изкарвах някакви пари, започнах да планирам бъдещето си и организирахме тържество за рождения ден на баща ми. Това се случи около 90 дни след моето изцерение.

Твоят син се разболя заради мен?

На 10 юли, 1974 година, на рождения ден на баща ми, всички членове на семейството се събрахме в къщата на нашия роден град. Аз отидох няколко дни по-рано, а жена ми беше заета в магазина и пристигна вечерта преди рождения ден.

Въпреки че не беше победоносно завръщане, аз бях много щастлив. Всеки път докато бях болен и се връщах в родния ми град, аз бях почти напълно ограничен в стаята си като се опитвах да избягвам погледа на другите. Взимах си лекарствата и се връщах в Сеул. Страх ме беше, че съседите ми ще се държат с мен като с инвалид. Колко щастлив бях сега, че съм вече напълно здрав мъж!

Признавах на Бог: "Имах толкова нелечими болести, че смъртта беше единственото, което очаквах. Отидох с по-голямата ми сестра при алтара на Шин-ае Хюн и получих изцеление."

Свидетелствах, че Господ е лечителят, който ме срещна и ме излекува. Не познавах добре Божието слово в Библията, но разказвах, че Бог е наистина жив и споделях радостта си с братята ми и родтителите ми.

След обяда за рождения ден на баща ми, съпругата ми опакова нещата си да се връща в Сеул. Пиех с моите братя преди да си тръгна и междувременно навън се вдигаше врява. Чух звука на затваряща се врата и видях жена ми да тича с багажа с думите, че ще поиска развод. Сестра ми и снаха ми се втурнаха да я спират и така се случи всичко.

"Дъще моя, синът ми се разболя малко след като се ожени за теб и страдаше много, но ще дойдат хубави дни ако работите здраво отсега нататък." Майка ми беше много щастлива, че най-малкият й син, когото очакваше всеки момент да умре, е възстановил здравето си и затова говореше така на снаха си. Съпругата ми го прие сякаш аз съм се разболял и съм страдал заради нея и лицето й пребледня.

"Искаш да кажеш, че твоят син се разболя заради мен? Добре! Ще напусна това семейство. Ще поискам развод. Да, ще го направя!"

"Сестро, станало е недоразумение. Знаеш, че майка нямаше предвид това, което си мислиш!"

Жена ми веднага се върна в Сеул. След нейното заминаване, тържественото настроение премина в погребална печал. Майка ми беше ядосана и каза: "Не можа да оздравееш толкова време, защото беше женен за такава жена! Джейрок, забрави за всичко. Имаме хубава вечеря. Нека се насладим на храната!"

"Да забравя?" казах аз, "Как можа да кажеш такова нещо? Как мога просто да забравя?"

Братята и сестрите ми се опитваха да ме утешат, но това, което казваха само влошаваше положението. Толкова бях ядосан от това, което казваха братята ми, че отидох в кухнята, грабнах и изпих наведнъж една цяла бутилка Соджу.

Баща ми беше шокиран, че вдигнах толкова врява. Той имаше добро зрение и добро здраве дори и след като беше навършил 70 години. Можеше да чете китайски книги и вестници, но поради шока, който му причини всичко това, загуби зрението си и до смъртта си не можеше да вижда нищо. Ненормалното ми поведение в ситуацията бе интерпретирано като липса на уважение от страна на баща ми. Всичко това ми причинява огромна болка, която ще продължи до края на живота ми.

Според моята съпруга, в продължение на седем години беше преминала през всякакви страдания и трудности в живота, за да се грижи за болния си съпруг и да издържа домакинството. Според нея свекърва й е имала предвид, че тя е била виновна за всичко, което се е случило. Сигурно е била много разочарована. Изтощителният и отчаян живот през седемте години, когато е трябвало да се справя с толкова много неща и фактът, че не е имала никого, с когото да сподели мъката си я бяха сломили до такава степен, че повече не можеше да се преструва.

След четири месеца страдание

На следващия ден аз се върнах в Сеул с дъщеря ни Миянг. Потърсих жена си, но не я намерих нито вкъщи, нито в закусвалнята. Когато се прибра вкъщи, беше станала напълно различен човек.

Каза ми: "Сега ще се разведем. Процедурата по развода ще се извърши в родния ни град. Ела с мен и подпиши документите." Опитах се да я разубедя, но беше напразно. По молба на съпругата ми, аз заминах в родния ми град и разписах документите за развод.

Беше малък град и новината бързо се разчу. Съжалявах моите родители и ми беше неудобно да срещна съседите. Върнах се бързо в Сеул сякаш бягах от там. Никога не повярвах истински, че жена ми ще поиска развод. Все още я очаквах да се върне вкъщи и след няколко дни тя дойде с близките си.

Чух някой да казва: "Сега, когато сте разведени, искаме да ни върнете сватбените подаръци. Ще вземем обратно гаранцията, която ви дадохме за закусвалнята на пазара."

Бяхме се местили 17 пъти докато бях болен и нямахме много добри домакински уреди. Въпреки всичко жена ми и нейното семейство отнесоха всичко, което тя беше донесла. Изпитвах дълбоко презрение към всички тях. Докато приключваха с опаковането на нещата, аз отидох на пазара

Киумхо Донг да взема гаранцията за закусвалнята.

На пазара беше пълно с хора. По онова време, 5-годишната Миянг разбираше какво става. Тя се държеше за полата на майка си.

"Мамо, не си отивай! Стой с мен! Не ме напускай! Ще умра ако ме оставиш!" Миянг я последва докато плачеше. Обувките ѝ се изхлузиха, но жена ми я отблъсна студено.

"Татко, тя вече не ми е майка. Няма да я наричам мамо отсега нататък. Никога не ѝ позволявай да се върне вкъщи." Сърчицето ѝ беше така уплашено, че думите излизаха като ледени игли от устата на дъщеря ми.

По това време аз се учех да разботя с моите приятели на строителния обект. Въпреки че не живеех с жена си, не пропусках нито една неделна служба. За да ида на църква в неделя, още от събота вечер спирах да пуша или да пия, защото ме притесняваше лошият дъх в църквата. Едва след края на сутрешната и на вечерната служба, аз се връщах вкъщи и си позволявах да пия и да пуша, неща, от които се бях лишавал през целия ден.

Нямах представа как да се моля, но коленичех на пода и се молех на висок глас. "Господи, ти го знаеш нали? Оздравях и мога да се издържам, но нещата се промениха. Моля те, върни съпругата ми при мен. Мога да я направя щастлива и никога повече няма да позволя да страда. Моля те, накарай я да се върне бързо вкъщи, позволи ни да бъдем щастливо семейство."

Закусвах рано сутринта, оставях Миянг в къщата на

моя по-голям брат и отивах на работа. Взимах Миянг в девет часа вечерта, когато се прибирах вкъщи. Всеки ден беше така. После трябваше да я изпратя при нейната баба в родния ми град. Малко след като я оставих там, майка ми се обади. Миянг имаше остри рани по цялото тяло от главата до петите и никакви лекарства не й помагаха. Толкова бяха сериозни, че кървяха много и скалпът й беше покрит с ларви. Завели я болницата, но нямало надежда да оздравее.

Дори в безсъзнание, тя търсеше и викаше майка си. Помолиха ме да й позволя да види майка си поне един път преди да умре. Не знаех, че вече сме официално разведени и отидох в къщата на нейния по-голям брат в Киумхо Донг. За щастие тъща ми беше там, разказах й какво се е случило и поисках нейното разрешение да видя жена си. Отговори ми студено. "Ако дъщеря ти умре, ще бъде по-добре за теб да се ожениш отново. Остави я." Впоследствие Миянг не можа да види майка си, но оцеля.

Сватосване

Отдадох се на цигари и алкохол, за да забравя мрачната реалност на моя живот. Бях разочарован от жена си, която напусна дома ни заради няколко думи на моята майка. Още повече мразех нейните близки, защото я подтикваха към развод. За да забравя онези, които мразех, трябваше да пия. Вече бях инвестирал пари в сестра ми и загубих всичко заради нейната грешка, затова я посетих и й поисках малко пари, за да започна търговия. Прекарвах дните си в бара докато парите се стопиха. Нямах нито желанието, нито волята да продължа да живея.

Близките ми се опитваха да намерят начин да ми помогнат. Сестра ми каза: "Майко, по-добре да го накараме да се ожени отново. Ако го изоставим така, ще се превърне отново в мъртвец, като преди." Накрая майка ми ме потърси. Каза, че намерила подходяща жена за мен и ме помоли да ида при нея да се запознаем.

Мислех си: "Жена ми ще се върне. Никога няма да живея с друга жена!" Вярвах също, че любовта ми към моята бивша съпруга никога нямаше да се промени и не можех дори и да си представя, че ще живея някога с друга.

"Синко, само един път! Това е моята последна надежда," казваше майка ми с умолителен глас и аз не можех повече да й отказвам да срещна онази жена поне веднъж. Направих го. Реших да проведем един разговор от учтивост и да се върна обратно. Но Бог е прозорлив!

Когато отидох на срещата с онази жена, гледай ти! Там стоеше най-перфектната жена идеал. Жената, за която винаги мях мечтал. Аз бях облечен с костюм с бяла яка, а тя беше облечена в бяла рокля от две части. Имаше дълга коса, която се спускаше надолу по раменете й и по гърба. Беше като жива картина. Не можех да повярвам на очите си. Майка й беше много суеверна и вярваше на предсказанията на една врачка, че за да бъде щастлива, дъщеря й трябвало да се омъжи за мъж, който се жени повторно. Поради тази причина беше организирала срещата ни. Харесахме се взаимно и семействата ни бързо организираха сватбата.

До самия момент на срещата, аз непрестанно очаквах

жена ми да се върне и никога не поглеждах към друга. Скоро промених решението си да живея единствено с нея и бях шокиран от тази бърза промяна. Датата беше определена и си разменихме подаръци. Тогава изведнъж дойде съпругата ми. Чула беше, че ще се женя повторно и искаше да се убеди в намерението ми и в моите чувства. Когато разбра, че сърцето ми вече принадлежи на друга жена и че наистина исках да се оженя за нея, тя остана учудена.

Простих на съпругата си

До този момент жена ми беше твърдо убедена, че за разлика от други мъже, моята любов към нея никога нямаше да угасне. Тя изглеждаше шокирана от факта, че щях да се оженя за красива жена. Съзнаваше, че сърцето ми вече не й принадлежеше, но рано на другата сутрин пристигна с багажа си. Спях в къщата, когато изведнъж чух стъпки по пода. Жена ми се беше върнала вкъщи с куфара. Не беше ли прекалено късно? Бях обещал вече да се оженя за друга и изхвърлих навън багажа й. Настана суматоха докато вкарвахаме и изкарвахме нещата й от къщата.

Казах: "Изпитвам голяма неприязън към твоите близки и ме е срам от моите роднини. Освен това, вече сме определили дата за сватбата и какво ще каже нейното семейство?"

"Ще поискам извинение и ще получа прошка от всички близки и роднини от двете фамилии. В бъдеще ще изпълнявам само това, което ти кажеш."

"Дори и да ти простя, моите родители, братята и сестрите ми няма да ти простят!"

Тя беше упорита.

"Ще получа прошка. Ще умра в това семейство."

Беше изненадващо променена, като нежно агънце. Вече не изпитвах любов към нея, но помислих за двете ни дъщери. Считах, че е по-добре за тях да бъдат отгледани от собствената си майка. Затова се съгласих да й простя при две условия. Тя приемаше да ми се подчинява безпрекословно и трябваше да получи прошка от всички наши близки и роднини. Исках също нейните близки да дойдат и да ми се извинят. Накрая приех моята бивша жена и бяхме отново заедно. Бяха изминали 120 дни, откакто напусна дома ни.

Разказах искрено цялата история на майката на жената, за която щях да се оженя и поисках да ме разбере. Неочаквано за мен, тя разбра ситуацията много добре. Но трябваше да мине много време преди да разбера, че това е било Божието провидение.

Защо жена ми искаше да се разведе?

Докато животът на съпругата ми беше изпълнен с грижи за нейния болен мъж, тя не очакваше нищо от живота. Междувременно, нежното й чисто сърце изчезна и характерът й закоравя.

"От плода на устата на човека се пълни коремът му, от произведението на устата си той се насища" (Притчи 18:21).

"От плода на устата си човек ще вкуси добро, а душата на законопрестъпниците – зло. Който пази устата си, той варди душата си; а който широко разтваря устата си, горко нему" (Притчи 13:2-3).

Тя знаеше, че я обичам с цялото си сърце и въпреки че няколко пъти си тръгваше, после винаги се завръщаше. Всеки познаваше истинската същност на другия. Тя не напусна мъжа си, когато в живота му нямаше смисъл. При все това непрекъснато повтаряше, че ще поиска развод веднага щом оздравея. Лошите й думи се натрупваха и се превърнаха в дяволски капан, който се сбъдна на рождения ден на баща ми. Когато се изразяваме негативно, дяволът ни подготвя това, което сме казали и справедливият Господ трябва да позволи да се сбъдне, за да спази законите на духовното царство. Съпругата ми нямаше контрол върху своите мисли, върху своите чувства и поиска развод. Но Господ ни поведе към нашето повторно събиране и то беше добре за всички.

Глава 3

Моето призвание

Началото на ревностен християнски живот

Осъзнах, че съм грешник по време на изцерителна служба

Господ смекчи характера ми като на агънце. След повторната ни сватба, живеехме в мир и щастие за първи път от толкова дълго време. След своето завръщане вкъщи, тя правеше всичко възможно да се грижи за всички и с чувство на извинение се отдаде на семейството. Но първата ми дъщеря, Миянг, в никакъв случай не можеше да я нарече "Мамо" и се държеше студено с нея. Дълго време жена ми се опитваше и проливаше сълзи, за да спечели отново сърцето и уважението на Миянг. На 25 ноември, 1974 година, по настояване на собственика на моята нова къща, посетихме една изцерителна служба в църквата Сунгдонг в Оксу Донг. Съпругата ми и аз добросъвестно посещавахме ранните сутрешни, дневните и вечерни литургии. Говорител беше пасторът Бионг-хо Парк от Корейската Евангелистка Света Църква. Проповядваше на тема: "Раздай всичко и стани просяк." Според него, всеки път, когато давал всичко, което имал, Бог го дарявал с благословията си. Когато дал всичко и построил църква, всезнаещият Господ го благословил щедро. Съпругата ми и аз седяхме на първия ред и получихме повече благословия. Чрез посланията разбрах, че трябваше да прочета Библията, Исус Христос Спасителят и да откажа цигарите и алкохола. Научих също как да се моля, да правя дарения и да благодаря за предложеното. Научих основните неща, които трябва да знае един Християнин.

Бях горд със себе си, защото винаги се опитвах да водя добър живот. Имаше хора, които казваха, че аз съм човек, "който не се нуждае от закона." Въпреки това, първият път, когато осъзнах че съм грешник чрез размисъл за себе си и Божието слово, започнах да се разкайвам, плачех и ридаех. Бях срамежлив и затворен човек. За мен беше немислимо да роня сълзи и да си бърша носа, когато наоколо имаше хора. Но това стана възможно благодарение старанието на Бог и Неговата милост.

Началото на ревностен Християнски живот

В последния ден на изцерителната служба дадох обет да направя дарение за строителството на църквата. Къщата, в която живеех под наем имаше гаранция от 100,000 вона (приблизително 100 американски долара). Толкова бях благодарен за милостта на Бога, че исках да му дам всичко, което имах, но нямаше какво. След известно терзание дадох обет да даря 300,000 вона. Обсъдих го с моята съпруга и тя също се съгласи да даде 300,000 вона. Решихме да ги дарим след три месеца.

Заречената дата наближаваше, а ние още нямахме парите. Трябваше да вземем заем с висока лихва, за да можем да направим дарението от 300,000 вона за строителството на църквата. Беше важно да спазим обещанието си към Господ дори и това да означаваше да изплащаме висока лихва по заема. Откакто двамата с жена ми посещавахме религиозните служби, водихме ревностен Християнски живот. След като научихме Божието слово, започнахме да правим дарения и да благодарим за полученото. Спрях цигарите и алкохола и започнахме да посещаваме сутрешни служби. Работих в строителството и в дните, в които нямах работа, отивах рано сутрин в планината, за да се моля. Нямах достатъчно духовни познания, за да разбера плача по време на молитва и постите. Просто слушах гласа на сърцето си.

Извикай към мене и ще ти отговоря

Рано сутринта на един ден през 1975 година, отидох до планината Чилбо в Сувон. Постлах одеяло на един камък, започнах да се моля и изведнъж чух глас от небето. Беше ясен и силен и звучеше авторитетно: "Виж Евангелието от Лука, глава 22, стих 44!" Отворих бързо Библията и го прочетох.

"И като беше на мъка, молеше се по-усърдно; и потта Му стана като големи капки кръв, които капеха на

земята".

Молитвата, която се нрави на Бог е тази, която е придружена от страстни викове. Молих се да разбера защо Господ ми показа този стих и в момент на ясно просветление успях да го изтълкувам.

Израел е разположен в пустинна зона и температурите през нощта рязко спадат. Христос е бил разпънат на кръст през април и температурата по това време почти не позволява да се потиш през нощта. Колко ревностно и страстно се е молил Христос, за да стане потта му като капки кръв, падащи на земята? Молитвата му е била толкова агонизиращо страстна и силна, че изключителното усилие е предизвикало спукване на капилярите и на повърхността на кожата му са се образували капки кръв. Ако се беше молил мълчаливо, подобно нещо никога нямаше да се случи.

Тайната на страстната молитва

От тогава, докато четях Библията, намерих много стихове в Стария и в Новия Завет, в които пише, че трябва да се молим страстно на висок глас. Освен това разбрах, че нашите вярващи праотци са получили отговор на молитвите, отправени силно. Божията воля е да се молим силно. *"Извикай към Мене и ще ти отговоря, и ще ти покажа велики и тайни неща, които не знаеш"* (Еремия 33:3). Йоан не се е подчинил на Бог и попаднал в стомаха на голяма риба, но в Йоан 2:2 се припомня, че е спасен с искрена молба до Бога. В Йоан 11: 43-44 се казва, че Христос е извикал високо, за да възкръсне мъртвият Лазар.

Лазар е бил мъртъв четири дни и е възкръснал с превързана ръка и крак, обвит в погребални одежди. След като Лазар е бил мъртъв, не би трябвало да има значение дали го вика тихо или силно. Но по Божия воля, Христос е викал силно в молитвата Си. В Битие 3:17 е написано: *"Понеже си послушал гласа на жена си и си ял от дървото, за което ти заповядах, като казах: Да не ядеш от него, то проклета да бъде земята поради тебе; със скръб ще се прехранваш от нея през всичките дни на живота си."*

Преди хората да опитат от дървото на познанието за доброто и злото, те живяли в изобилие в Райската градина с нещата, които Бог им осигурявал. Хората не се подчинили на Бог, опитали от дървото и се появил грехът. Така комуникацията с Бог била прекъсната и трябвало да се хранят с плодовете на техния труд и пот. Можем да получим това, което искаме и от което се нуждаем само чрез труд и пот. Колко повече трябва да се трудим и да се потим в молитвите ни към Бог, за да получим нещо, което е извън човешките способности?

Духовното значение на молитвата във "Вътрешната стая"

Някои от вас могат да се учудят: "Христос ни каза да отидем в нашата вътрешна стая и да се молим тайно. Защо тогава трябва да се молим на висок глас? Не ни ли чува могъщият Господ, когато се молим?" В Матей 6:6 Христос казва: *"А ти, когато се молиш, влез във вътрешната си стаичка, и като си затвориш вратата, помоли се на своя Отец, Който е в тайно; и Отец ти, Който вижда в тайно, ще ти въздаде [на яве]."* Но никъде в Библията не можем да намерим кога се е молил Христос във вътрешната стая. Според Марко 1:35 Христос не се е молил във вътрешна стаичка, а рано сутринта е отишъл да се моли на уединено място. Лука 6:12 казва, че се е молил в планината.

Даниил се молил като държал прозорците на стаята си отворени към Ерусалим (Даниил 6:10), Петър се молил на покрива (Деяния 10:9), а апостол Пол се молил на специално място за молитви. Причината да имат специални места за молитва била да могат да се молят с цялото си сърце и душа и на висок глас. Молитвата във вътрешната стаичка е символ на молитвата от все сърце и от най-дълбокото място на нашата душа. Стаята в духовен смисъл означава сърцето на човека. Ако влезем във вътрешната стая и затворим вратата, ще бъдем откъснати от светските разговори и от външния свят. По подобен начин, когато се молим трябва първо да премахнем всички други мисли, грижи и притеснения, които имаме и да се молим с цяло сърце и пълна концентрация.

Господ познава слабостите на мъжете

Отначало за всеки е трудно да се моли на висок глас. Но когато продължим да се молим всеки ден, ще получим висши сили да се молим лесно и ще можем да го правим добре. Ще получим в цялостност Святия Дух и дарбата да се изразяваме чрез речта. Ако се молим безмълвно, много е вероятно някоя блуждаеща мисъл да грабне вниманието на ума ни и да ни обземат грижите и притесненията на околния свят. Тогава трябва да се борим срещу блуждаещите мисли и притеснения за съпругата, децата, личните и финансови проблеми. Изморяваме се бързо и заспиваме. Но ако викаме силно в молитва от все сърце, няма място за блуждаещи мисли, умората и сънят няма да ни сломят. Ще бъдем победители в нашите молитви.

Господ познава слабостите в човешкия живот и затова ни повелява да се молим силно, за да победим. След като разбрах тази Божия воля, започнах да се моля силно на висок глас. Когато нощно време се молех в църквата, толкова много виках, че моят пастор казваше да се моля тихо, за да няма оплаквания от съседите. Когато пасторът беше в църквата, не можех да се моля, както на мен ми се искаше. Затова отивах до местата, наречени "Планини за молитви" винаги, когато можех. Чувствах дълбоко в църцето си, че ако пасторът ми разрешаваше да се моля силно в църквата, дяволът враг щеше да бъде прогонен чрез молитвата и нейната топлина можеше да обхване повече хора от присъстващите. Това щеше да помогне за бързото й изграждане. Бях срамежлив по характер и се качвах на върха на хълма – там се молих силно на глас от ранна сутрин до късна вечер.

Господ изискваше скромност от мен

Избрах строителната работа, за да уважа Божия Ден

За месеците, през които жена ми я нямаше вкъщи, лихвата по заемите се повиши и имах повече финансови затруднения. Започнах да работя в строителството по препоръка на управителя на отдела за човешки ресурси. Той предложи да възстановя силите си и да не се претоварвам от работа на неговия обект. Исках бързо да се възстановя след седем години страдания. Избрах тази работа също, защото можех свободно да се отдам на свещения ден на Господ. Нямах работа всеки ден и винаги, когато можех, аз се молих и постих. Отивах на работа, когато имаше нужда от мен.

Лихвата по моя дълг се увеличаваше, но аз вярвах, че Господ ще ме благослови единствено ако Го задоволя.

Братята и сестрите ми искаха да ми заемат малко пари, за да започна търговия, но аз им отказах. Исках да започна отначало като следвам правия път. Бях израснал на село като най-малкия син и никога не бях работил тежък труд. Работата в строителството изискваше голяма издръжливост и няколко пъти проливах сълзи. Когато се качвах на втория етаж, натоварен с тежки материали, краката ми започваха да треперят и понякога падах на земята. Винаги ставах и продължавах да работя. До тогава се бях превърнал в човек, който може да прави всичко и здравето ми също се възстанови.

Редях тухли, насипвах и бутах ръчни колички. Когато през зимата нямаше работа, работих като управител и отговарях за доставката на брикети. Работих също в отдела за водопроводни инсталации. Пробвах много неща. Съпругата ми продаваше солен сос от миди и водорасли и освен това събираше камъните на строителния обект. Беше волята на Святия Дух да работя тежък труд, но по това време не го осъзнавах. Трудно ми беше физически, но аз изпитвах трудностите на строителните работници, които живееха в тежка среда. Можех да разбера как се чувстват. Когато имах време, аз им говорих за Бога и проповядвах евангелието.

През лятото на 1975 година се роди Сууджин, третата ми дъщеря. Тя беше заченала по Божия милост, докато посещавахме много изцерителни служби и също не плака при раждането си като мен. Винаги се усмихваше. Никога не я видях да плаче докато навърши шест години. За известно време жена ми и аз събирахме камъни в една планинска местност, където имаше няколко строителни обекта. Сууджин беше само на два месеца и нямаше никой, на когото да я оставим да я гледа. Сложихме един чадър в крайната част на строителната площадка и я оставихме там. Един чадър не можеше да спре изцяло слънцето, но тя не плачеше. Когато чухме, че нашата къща ще бъде разрушена поради разширяване, трябваше да напуснем тази работа.

Живеехме в едно хълмисто село на границата между Киумхо Донг и Оксу Донг. Собственикът на къщата ни информира, че е получил известие от държавата за събарянето на къщата и трябваше да се изнесем. Месечният наем беше 100,000 вона (около 100 американски долара) и той каза, че е получил 150,000 вона за компенсация. Каза също, че имал право на един апартамент от бъдещата постройка и можеше да спечели 400,000 вона ако я продаде.

Каза, че не можеше да ми даде никакви пари, защото къщата му щеше да изчезне напълно. Отказах се да си искам парите обратно от него, защото не исках да се бием. Нямаше къде да отида. Трябваше да опънем палатка на улицата. По някакъв начин жена ми успя да вземе назаем 50,000 вона. С тези пари наехме малка стая близо до църквата. Беше мизерна стая, в която дори не влизаше достатъчно слънчева светлина.

Пости и дълбоко разкаяние след като се оплаквах от Бог

Беше минал един месец след като се преместихме и

получихме друго уведомление за разрушаване на къщата. Собственикът на къщата ми каза да напуснем и ни върна парите от гаранцията, но не беше лесно да се намери толкова евтина стая. Жена ми и аз отидохме до Буулкуанг Донг, за да търсим евтино място, но усилията ни бяха напразни. Пропуснахме обяда и нямахме пари дори за вечеря. Когато се прибрахме вкъщи, беше вече тъмно.

"Господи, как може да не чуеш молбата ми? Не си ли приготвил една стая за мен?"

В този момент се оплаквах от Бог. Тогава минах покрай една агенция за недвижими имоти и проверих още веднъж.

"Един човек дава стая под наем. Може още утре да се нанесете."

"Колко струва?"

"Може да я наемете за 50,000 вона."

Отидохме да я видим. Беше хубава стая и имаше едно малко помещение, където можехме дори да отворим магазин. Имаше къде да се нанесем още на следващия ден! Прибрах се вкъщи и не спрях да се моля докато плачех.

"Господи, защо не мога да бъда по-постоянен! Защо сърцето ми е изпълнено със злина? Не си ми изпратил болести или бедност и въпреки това се оплаквах от теб, Боже! Ако нямах къде другаде да отида, можех просто да спя на улицата. Би трябвало да съм благодарен, че ме излекува, защо тогава негодувах?" Сърцето ми се късаше и съжалих през сълзи, че се оплаквах от Бог. Започнах тридневни пости и реших повече да не се жалвам при никакви обстоятелства.

Никакво изключение за неделните служби

Причината, поради която започнах работа в строителството беше, че можех да почивам в неделя, да имам време да се моля и тялото ми да заякне. Когато живеехме в малката мизерна стая, една от моите по-големи сестри се обади. Тя имаше ресторант, който вървеше добре и освен това притежаваше един имот. Искаше да управляваме ресторанта заедно със жена ми. Нямаше да имаме вече проблеми да се издържаме, можехме дори да бъдем добре финансово.

"Братко, ще ти дам и къща (където да живееш) и добра заплата. Защо не се заемеш с управлението на ресторанта? Но трябва да работиш две недели в месеца."

"Съжалявам, сестричке. В неделя трябва задължително да ходя на църква. Не мога да го направя."

Когато отказах предложението на сестра ми с думите, че трябва в неделя да ходя на църква, това стигна до ушите на майка ми, братята ми и сестрите ми. Майка ми беше разочарована, че съм отказал предложението на сестра ми само защото е трябвало да работя две недели в месеца. Дори братята и сестрите ми не можеха да ме разберат и поклатиха неодобрително глава, че съм отхвърлил възможността да платя всички дългове и да живея добре.

Как мога да живея според словото Божие?

Как мога да се освободя от греха?

След завършване на религиозната служба, започнах внимателно да чета Библията. Преди това се измих и облякох чисти дрехи. Четях изправен и започнах с Евангелието от Матей. Намерих много фрази като "избягвай всичко дяволско", "не се гневи", "не лъжи", "не изпитвай омраза", "обичай дори враговете си" и др...

Когато започнах да водя Християнски живот, аз се замислих до каква степен спазвам заръките в Библията. Ако имаше нещо, което не правих, както трябва, сядах и го записвах в един бележник. В тези случаи се молих на Бог да ми даде сила да устоя и се стремях да го постигна.

Опитвах всеотдайно да спазвам Божите заповеди и Бог ми даде благоволението си да мога да устоя на греха.

"Обичам, които Мене обичат; и които Ме търсят, ще Ме намерят" (Притчи 8:17). *"Ако Ме обичате, ще пазите Моите заповеди"* (Йоан 14:15).

"Защото ето що е любов към Бога: Да пазим Неговите заповеди; а заповедите Му не са тежки" (1 Йоан 5:3).

По-късно, когато станах пастор, разбрах следното: греховете можеха да се разделят в две категории. В едната група са „плътските грехове", извършени с тялото, а в другата са „плътските мечти", на които се наслаждаваме в нашето въображение. Ако имаме „плътски мечти", те могат да се превърнат в „плътски грехове".

Опитвах се да отхвърля всички форми на злото

За да убия времето докато лежах на легло, понякога играех с моите приятели на Корейски игри. Дори и след като приех Бога, не познавах Божието слово и не можех да разбера, че хазартът е грях. Печелих много преди да стана вярващ, но когато приех Бог, започнах да губя. Губех винаги, независимо от усилията, които полагах. Разбрах, че Господ не е доволен от хазарта и реших да оставя игрите. Един ден не можах да устоя на изкушението и започнах да играя на карти с надниците, които бях спечелил за петнадесет дни. Играх цяла нощ и загубих всичките си пари, до последния цент. На следващата сутрин онези, които бяхме загубили пари се опитвахме да възстановим поне първоначалните залози. Тогава чух познат звук. Пасторът на една църква идваше да посети семейството на собственика.

Чух го, но продължих спокойно да играя. Накрая загубих всичките си пари. Музиката на възхваляващите песни пронизваше сърцето ми. Преди да си отиде, пасторът остави послание. "Когато пасторът дойде, трябваше да присъствам на службата заедно с другите. Как ще мога отсега нататък да ходя на църква с това чувство за вина?" Започнах дълбоко да страдам. Отекчавах се по време на служба и не можех да се моля. Преди това се радвах, че работех в строителството, но вече спрях да изразявам благодарност. Сърцето ми беше изпълнено със скръб. Две седмици агонизирах. Една вечер отворих прозореца и погледнах навън. Можех да видя Тууксам и брега на реката Хан. На повърхността на водата имаше електрически светлини с формата на червени кръстове. "Какво се е случило?" Обзет от странни чувства, погледнах отново и светлините изглеждаха като подредени в една линия червени кръстове. "Защо светлините изглеждат като кръстове а не, както преди?" В този момент любящият Господ ме благослови от небето и си спомних, че трябваше да посрещна пастора от църквата, който дойде вкъщи. Бях обсебен от мисълта за парите, които загубих и се отдалечих от пастора. Не отидох на домашната церемония. Разкайвах се, плачех и проливах сълзи. "Господи, никога повече няма да докосна картите." След като се разкаях напълно, Господ ми върна загубената вярата в Святия Дух. Вече нямаше прегради срещу волята Божия и чувствах, че имах крила. Трудно беше през тези две седмици, но разбрах колко ужасен е светът. Отказах се от хазарта.

Молих се, за да прогоня греховните мисли

"Плътските желания", които реализираме физически могат да бъдат преодоляни сравнително лесно, с малко повече постоянство. Трябва просто да не правим това, което Библията забранява и да правим това, което Библията ни заръчва. Имаше две неща, с които не можех да се справя. Ставаше въпрос за омразата и за изневярата. Мислех за тях пряко волята си и това ме притесняваше.

През тази епоха имаше много хора, на които исках да отмъстя. Братята ми, които отказаха да ми дадат пари назаем, за да наема стая, когато бях на смъртно легло; тъща ми, която ме наричаше "инвалиден зет" и близките на моята съпруга, които ме презираха, защото не бях способен да изкарвам пари. Изпитвах дълбока омраза към всички тези хора. Единственото, което мислех беше: "Когато стана богат, ще спечеля много пари и ще им покажа колко съм заможен!"

Не изглеждаше толкова лесно да обичам враговете си, когато бях изпълнен с омраза и враждебност към близките на моята жена. Другият проблем беше мисълта за изневярата. Христос е казал, че всеки, който гледа жена, за да я пожелае, вече е прелюбодействал с нея в сърцето си (Матей 5:28). Аз не извърших физическа изневяра, но умът ми действително се възбуждаше, когато гледах снимките на красиви актриси.

Ако предизвикваме греховната природа на нашия разум като гледаме картини, филми, интернет или жени на улицата и отделяме за това все повече и повече време, не е ли то прелюбодеяние в очите на Господ? Сигурен бях, че можех да спазвам другите заповеди в Библията, но се притеснявах за тези две.

На религиозната служба, ораторът каза, че можем да получим отговорите на всички въпроси ако се молим истински и вярваме. Вярвах, че с вярата е възможно всичко, започнах да постя и да се моля, за да отстраня греха от сърцето си.

"Господи, нека нямам развратни помисли или чувства, независимо от жените, които виждам."

Преди да приема Бога, вкъщи окачвах снимки или календари със снимки на актриси. След като прочетох Божите заповеди, никога повече не окачих на стената такива неща. Молих се и постих докато отстраних изцяло мислите за разврат. Исках да възхвалявам Бог с Неговата благословия. Исках Господ да ме направи отговорник в църквата, за да помагам на нуждаещите се с финансовата Му милост. Исках да помагам в църковните мисии и да Го възхвалявам чрез Неговото благоволение. Когато се преместих да живея в къщата, която имаше неголямо помещение за търговия, аз отворих малко магазинче за комикси. Съпругата ми излизаше да продава козметика и аз се занимавах сам с магазина. Братята ми видяха незавидното ми финансово положение и предложиха да ми помогнат, за да се занимавам с нещо друго, но аз отказах. "След като Господ ме пречисти, той ще ми даде благословията си." Ако бях приел помощта на братята ми, защото бях в нужда по това време, какво можех да им кажа в бъдеще, когато Господ щеше да бъде този, който ми помага финансово?

Трябваше да откажа помощта им, за да живея по Божията воля. Братята ми със сигурност щяха да кажат нещо подобно:

"Каква благословия от Бога? Оцеля, защото ние ти помогнахме, когато беше в нужда."

Отне ми три години да прогоня развратните мисли

Книжарницата за комикси можеше да се поддържа без много капитал. Постих три дни и се молих преди да отворя по-голям магазин. След като свърших постите, намерих един магазин близо до театъра Киумхо Донг. Хареса ми и подписах договор. Отворих нов магазин и тъй като беше в близост до няколко снек бара, много от редовните ми клиентки работеха в тях.

Имаше една клиентка, която заставаше близо до мен всеки път, когато влизаше в магазина. Ставах прав, когато идваше. Ако една жена искаше да ме съблазни, аз я избягвах независимо как реагираше. Не можеха да ме разчувстват.

"Пренебрегваш ме, защото работя в бар ли?"

"Ти от камък ли си? Нямаш ли чувства?"

"Моля те, ела да се видим в бара и ще те почерпя с едно питие."

Имаше различни видове изкушения, но никога не им се поддадох. Отказвах всички намеци и това стана силната ми страна. С течение на времето установих, че вече нямах греховни мисли. Докато се молех, ставах все по-силен и мощен, преодолявах изкушенията и развратните помисли бяха изкоренени. Това беше резултатът от трите години, в които се молих да прогоня разврата от сърцето си.

Моето единствено желание

Библията трябва да има само едно обяснение

Имах голямо желание да науча добре Божието слово и да го спазвам в живота си. Всеки път, когато имаше изцерителна служба, аз отивах да получа Божието благоволение.

Имаше много стихове от Библията, които не разбирах и затова ходех редовно на тези служби. По време на проповедите бях много доволен, че можех да разбера Божието слово. Винаги посещавах службите в центровете за молитви.

Някои откъси бяха трудни за разбиране и задавах въпроси на пастора. Не винаги можеше да ми даде ясен отговор.

"Пасторе, коя книга може най-бързо да ми обясни Божията воля?"

"Братко Лий, ако имаш такова голямо желание да разбереш Библията, можеш да четеш коментари за нея, които обясняват и тълкуват Светото писание." Бях много радостен да го чуя. Имах много дългове по онова време и беше трудно да отделя един цент, но успях някакси да отделя пари, за да си купя Библейски тълкувания. Четях коментарите, когато се молех в планината, но въпреки това имаше някои откъси, трудни за разбиране. Не можех да разбера всичко напълно и това ме разстройваше. Коментарите не подкрепяха истинността на Божието слово, а считаха някои части за митове. В някои случаи интерпретациите бяха твърде атеистични. Прочетох и други коментари, но всеки от тях предлагаше различно тълкуване. Библията трябваше да има само едно тълкуване, но вместо да ми помагат, коментарите ме объркваха още повече.

Господи, моля те, обясни ми словото в Библията!

През 1976 година, бях обзет от желание да разбера какво е искал да каже Господ с Неговите думи. Чух нещо много странно от един последовател на друга църква, който се връщаше от религиозна служба в Дейгу.

"Един пастор пости два пъти по 40 дни, когато му се яви ангел, за да му обясни Библията в продължение на три години." Когато чух това, сърцето ми започна да гори и почувствах тялото си, обхванато от пламъци. Може би звучеше абсурдно един ангел да обяснява Божието слово, но аз го вярвах. Можех да вярвам и да се моля. От този момент, започнах непрекъснато да се моля на Бога.

"Господи, вярвам във всички 66 книги от Библията. Библията е Божието слово, написано с вдъхновението на Святия Дух, затова, дай ми Твоето вдъхновение и обяснение на всичките 66 книги. Обясни ми ги чрез ангел или Ти самият, Боже, ела при мен и ми ги обясни."

Ако в Светото писание имаше части, които не можех да разбера, нямаше да мога да разбера Божията воля. Едва когато бях в състояние да разбера истинското значение на Библията, само тогава можех да живея съгласно волята Му. Когато разберем Божието слово правилно, тогава можем да го спазваме.

Молих се страстно в моя отчаян стремеж да разбера Божието слово. Господ ме караше да постя и да се моля. Когато нямах работа на строителния обект, аз се изкачвах на планината, за да се моля. Отправях молби към Бога да ми обясни Библията. Молитвите ми продължиха много години.

Деликатните ръце на Бога

След няколко месеца се научих как да управлявам магазина и с натрупаната вяра чувствах, че можех да се справя с всичко. Нямах голяма печалба от тази работа, но не можех да очаквам повече от това. Въпреки че нямах много пари, аз вярвах, че мога да постигна всичко и исках да разширя бизнеса си. "Господи, нека се преместя на по-добро място."

На третия ден след като започнах да се моля, един човек дойде при мен и ме попита дали мога да му прехвърля магазина. Самият той притежаваше по-голям магазин. Прехвърлих му магазина с гаранция от 150,000 вона (150 долара) и като приспаднах 50,000 вона, които бяха за обзавеждане, имах печалба от 100,000 вона. Постихме три дни с жена ми и след това отидохме да разгледаме друг магазин в района. Намерихме един, който вървеше много добре и беше обявен под наем за 500,000 вона включително гаранцията. Сключих договор със стоте хиляди вона, които имах, но трябваше да платя още 400,000 вона. Това бяха много пари за мен по онова време. Сетих се за двама членове на църквата и помолих жена ми да им поиска назаем, но те веднага отказаха. Съпругата ми взе назаем 150,000 вона от нашите съседи, но не можехме да намерим останалите 250,000 вона. Говорихме още веднъж със собственика на сградата и сключихме сделка да плащаме лихви върху сумата от 250,000 вона.

Членовете на църквата не можеха да обменят пари помежду си. По-късно разбрах думите на Бога и разбрах защо Той не искаше да заема пари от другите. Бог не искаше да се дават и взимат назаем пари между членовете на църквата. Дори кръвните братя стават врагове, когато стане въпрос за пари. Ако в църквата започнем да даваме и да взимаме пари назаем, дяволът враг може лесно да се намеси, а Господ не иска това. Затова при моето духовенство, аз не разрешавам на църковните последователи да дават заеми по между си. Можех да видя понякога някои членове да не се подчиняват и да заемат пари по между си и тогава имаха проблеми и трудности. Ние, братята по вяра, никога не трябва да имаме дългове освен дълга за любов помежду ни. С печалбата, която имахме от този магазин, можехме да платим лихвите по нашия дълг, но никога нямаше да го изплатим изцяло. Имаше много хора в центъра на града, които управляваха магазини в голям мащаб като огромна фирма. Молих се на Бога да изпълни мечтата ми да имам по-голям магазин.

Бях ръководен по пътя на финансовия успех

По онова време, на пазара Киумхо Донг имаше известен магазин. Всички знаеха, че продажбите от него бяха най-големите в района. Магазинът беше обявен под наем и само гаранцията беше един милион вона (хиляда долара) освен рентата. Надницата на един работник тогава беше само 1,500 вона (15 долара) и това представляваше голяма сума за мен. Собственикът каза, че може да намали цената до 950,000 вона, но не повече. По-късно разбрах, че двадесет дена след като съм го посетил, никой друг не е ходил да разгледа магазина. Някой ми каза, че ще мога да се разбера със собственика, защото искал да го продаде бързо по семейни причини. Имах само 500,000 вона. Практически беше невъзможно да се направи сделка с тези пари. Молих се ревностно цяла нощ и отидох при него да преговаряме. Помолих го да ми даде магазина за 500,000 вона, защото това беше всичко, което имах. Той помисли известно време и след това каза, че е съгласен на 550,000 вона.

В крайна сметка подписахме договор за 500,000 вона. Споразумяхме се да плащам гаранцията с месечната такса. И така се преместихме в магазина на пазара Киумхо Донг. Веднага щом отворихме магазина, имахме много клиенти.

Мнозина казваха, че харесвали магазина, но не знаели, че се дава под наем. Някои от тях ми предложиха да им го прехвърля срещу 1.2 милиона вона премия. Когато един човек предложи 1.3 милиона вона, аз го обсъдих с жена ми, защото с тези пари можехме да си купим къща. Считахме, че не е правилно да прехвърлим магазина толкова скоро след като Господ ни заведе при него.

Решихме, че можем да изплатим дълговете с печалбата от бизнеса. През юли, 1977 година открихме магазина и започнахме работа. В неделните дни затваряхме и не позволявахме да влизат студенти, които пиеха или пушиха. Всички от моето семейство пеехме хвалебствени песни и хората в магазина можеха да ги чуят винаги. Имаше повече клиенти, отколкото е имало преди при предишния собственик. През деня работихме в магазина, а вечерно време се молихме. Това беше ежедневието ни.

Бях научен да разпознавам гласа на Святия Дух

В къщата за молитви Осанри

Като сърна, ожадняла за вода от потока, аз жадувах да разбера Божието слово по-добре. През 1977 година, посетих една изцерителна служба в къщата за молитви Осанри. Тогава чух гласа на Бог за втори път. Слушах проповедта на пастора, която гласеше: "Бог ни е дал мъдрост да направим лекарствата, тогава Божията воля е да идем в болницата и да се лекуваме." Не можех да го приема с "Амин." Това беше много различно от опита, който имах с всемогъщия Бог, способен да постигне всичко. След службата отидох в стаята за молитви и страстно се помолих на висок глас: "Господи, искаш ли да се взимат лекарства или не?"

Не зная колко време мина. Изведнъж чух Божия глас:

"Прочети 2 Летописи, Глава 16." Отворих Библията. Ставаше въпрос за Цар Аса от Израел. В началото на своето царуване, той разчитал само на Бог. Спечелил всички битки и царувал в мир. Но в последните години на своето царство, той не разчитал на Бога, а на други армии. Загубил в битките и вкарал в затвора пророка, който показал грешките му. Тогава Аса се разболял от болест на краката. Болестта му била тежка, но дори в болката си, не потърсил Бога, а лекарите и умрял след две години. С тази глава аз бях сигурен, че Бох иска децата Му да се осланят с вярата си единствено на Него и да не разчитат на този свят.

Учих се да чувам гласа на Святия Дух

Трябва да различаваме гласа на Господ от гласа на Святия Дух. Бях чул гласа на Бога само в няколко случая. Гласът на Святия Дух може да се чуе все по-ясно, когато приемем Исус Христос, когато получим Святия Дух и когато продължаваме да се молим страстно, за да прогоним греха, злото и плътските мисли.

Започнах да чувам гласа на Святия Дух още когато бях млад вярващ. Веднъж по време на църковна служба, Господ ми позволи да бъда поучен чрез гласа на Святия Дух. Бях дълбоко развълнуван по време на сутрешната неделна служба докато слушах внимателно проповедите. Трябваше да дам 30,000 вона на един пастор от църквата. Реших: "Господи, ще намеря 30,000 вона и ще ги дам на пастора!"

Взех това решение по време на службата. Но когато службата свърши и излязох навън ме обзеха други мисли.

Всъщност 30,000 вона бяха много пари за мен. Реших, че ако ги имам, можех да му ги дам. Но откъде можех да намеря парите? Това семейство изглеждаше по-заможно от моето. Може би имах някои странни мисли по време на службата, но забравих за това.

На следващия ден, тъщата на пастора, която беше старши дякон в църквата, ме посети в магазина на пазара Киумхо Донг. "Дъщеря ми раждаше през цялата нощ. Когато отиде в болницата, имахме спешна нужда от 30,000 вона. Опитвах по всякакъв начин да намеря тази сума. Накрая намерих парите и отидох в болницата. Раждането беше много трудно." Бях шокиран да чуя това. "Старши дяконе, в интерес на истината, в неделя по време на службата Светият Дух ме разчувства, но аз не му се подчиних. Объркях го с моите мисли и го забравих. Ето за какво е ставало въпрос."

Разкаях се веднага и реших, че следващият път ще се подчиня. Помислих: "Чух гласа на Светия Дух, но не го послушах и това е резултатът." Ако се бях подчинил на гласа, лесно щях да намеря 30,000 вона, които Господ вече беше приготвил и семейството на пастора нямаше да страда цяла нощ заради тази сума. Щях да получа много благословии от Бога за моето послушание. Съжалих, че не се подчиних, а послушах своите мисли. От тогава, след малко повече обучение за тези неща, аз се научих да различавам гласа на Светия Дух от собствените си мисли.

Разбрах колко важно е подчинението

Разбрах от собствен опит колко е важно да се подчиняваш на Бога. Служех прилежно на църквата и един ден пасторът ме извика и каза: "Нямаме достатъчно учители за Неделното училище. Защо не преподаваш ти на децата?" Аз му отказах: "Пасторе, съжалявам. Не съм сигурен, че мога да обучавам децата. Никога не съм посещавал Неделно училище. Ще го направя след като придобия малко самоувереност." Знаех, че трябваше да се подчиня на пастора, но се чувствах толкова некомпетентен, че отхвърлих предложението му. Никога не си бях представял, че нещо толкова дребно, можеше да се превърне в голяма стена на греха между мен и Бога. Молих се страстно: "Господи, дай ми дарбата да говоря и други езици."

Завиждах на хората, които можеха свободно да се молят на други езици. Не преставах да се моля за умението да говоря друг език, но нищо не се получаваше. Един ден чух, че можело лесно да проговоря езици на планината за молитви Хан Ол Сан. Отидох там и присъствах на една служба, но не получих този дар. По време на своята проповед, пасторът Чун Сук Лий се пошегува: "Дори моето куче говори на друг език, следователно тези, които нямат този дар не превъзхождат с нищо кучето ми." Когато завърши службата, аз се чувствах по-нисшестоящ от кучето и ритнах един камък пред себе си. Пропуснах обяда и започнах да се разхождам из равнината. Подпрях се на едно дърво и започнах да се моля Господ да ме дари с умението да говоря чужди езици. Изведнъж нещо просветна в съзнанието ми. Дори и да нямах самоувереност, аз трябваше да се съглася и да кажа „да", когато пасторът предложи да преподавам в Неделното училище. Ако беше видял моето послушание, Господ можеше да ми помогне, но аз не се подчиних.

"Господи, моля те, прости ми, че не послушах желанието на моя пастор. Никога повече няма да съм непокорен."

Веднага щом осъзнах това, аз започнах да съжалявам дълбоко в сърцето си. Тогава, изведнъж започнах да говоря чужди езици. Толкова дълго бях копнял за това! "Господи, благодаря Ти!" Накрая разбрах, че подчинението е по-добро от пожертвованието и че Господ е доволен, когато го слушаме. Чрез този опит аз разбрах отново, че трябва да се подчиняваме безусловно на Бога независимо от ситуацията. Въпреки че бях разбрал значението на послушанието, имаше нещо, за което да ми бъде трудно да се подчиня.

Глава 4

Божието призвание

Господи, как можеш да избереш човек като мен?

Един ден през май, 1978 година, докато се молих, чух кънтящия глас на Бога:

"Моят служител, когото избрах преди началото на света! Три години те усъвършенствах и още три години ще учиш Моето слово. Ще те използвам. Ще пресичаш планини, реки и морета, за да проповядваш евангелието и аз ще бъда с теб. Ще станеш Мой служител, за да покажеш на всички народи чрез сбъдването на чудеса, че аз съм живия Бог."

Неговият ясен и мощен глас продължи:

"Избрах те преди началото на света и откакто беше в утробата на твоята майка, аз те пазих с очите Си и те водих лично до този момент. Съпругата ти може да

се грижи за магазина, а ти ще поемеш ролята на Мой служител. Ще печелиш повече, отколкото печелите двамата, когато работите заедно. Парите от твоята каса никога няма да свършат и паницата с твоя ориз никога няма да остане празна. Ще помагаш на тези, които са в нужда. Господ беше този, който те остави низко в калта и Господ беше този, който те водеше досега. Той ще те ръководи и занапред. Ти си способен да разбереш защо те оставих толкова низко. С Моята сила, аз ще те издигна до най-високото място. Ти Ме заобича най-напред и повече от твоите родители, твоите деца и дори съпругата ти. Ти обичаше само Мен. Затова, ще те върна притиснат, разтърсен, премазан...още сто пъти."

Слушах тези думи с вдъхновението и внушителността на Святия Дух и ги приех с „Амин". Когато се замислих пак затова, беше нещо наистина вълшебно. Моята мечта дотогава беше да стана велик и да помагам на тези, които страдат от същите болести и бедност, които самият аз бях изпитвал. Бях ли се молил за нещо нередно през цялото време? Имах да плащам толкова много дългове, все още беше трудно за мен да срещна двата края. Нямах дори добра памет. Как щях да уча тепърва теология в семинарията? Какво ще стане с моето семейство? Умът ми непрекъснато беше зает от грижи и притеснения. В моята ситуация не можех да се подчиня, но посланието беше твърде тържествено, за да не го послушам. Единственото, което мислих беше: "Ако това е Твоята воля, нека чуя отново гласа Ти."

Обсъдих всичко с жена ми, оставих изцяло на нея

работата в магазина и напуснах. "Имаше ли някаква възможност да съм сгрешил и да не съм чул гласа на Бога? Можеше ли нещо да не е, както трябва?" Започнах да се съмнявам, че съм чул гласа на Бога и започнах да се моля отново: "Господи, молих се да стана голям, но Ти ми казваш да стана Твой служител! Аз съм толкова срамежлив човек, че дори не мога да си представя да проповядвам пред други хора. Вече съм прекалено стар. Нямам добра памет и не съм човек, който лесно си взима изпитите." Но ако Господ искаше да бъда Негов служител дори и с тези недостатъци, аз Го помолих: "Моля те, нека да чуя гласа ти още веднъж."

Отидох до различни молитвени центрове, за да чуя гласа Му отново. Молих се цяла седмица, но нямаше отговор. Обърнах се към различни лидери, които имаха славата на пророци, но не можаха да ми дадат никакви отговори за бъдещето. Скитах се в планините от едно молитвено място до друго и сърцето ми се късаше дни наред, за да разбера дали наистина Божията воля беше да стана Негов служител, особено като пастор. Минаха три месеца, в които почти се отчаях и се върнах обезнадежден вкъщи. В събота, моят пастор дойде да ме посети в магазина. Беше мой ред да направя встъпителната молитва, но не бях уверен в себе си за това. Казах му направо: "Пасторе, много месеци вече минаха и още не съм получил отговор на моите молитви. Наистина не съм в състояние да извърша тази молитва за Неделната служба." Той ми отговори кратко: "Дяконе, дори и така да е, трябва да го направиш."

Чувах Божия глас

Пасторът ми каза, че трябва да направя встъпителната молитва на службата, но не можех да кажа „Амин" от сърце. Когато свършихме работа в магазина през този ден, ние го затворихме и си тръгнахме. Валеше силно и със съпругата ми решихме да се молим вкъщи вместо да ходим в църквата. В полунощ, постлахме една покривка на голия под, коленичихме и започнахме да се молим и да възхваляме Господ. Молих се със затворени очи и изведнъж имах видение – таванът се отвори и небето светеше.

Имах видение, че покривът го няма и таванът е широко отворен. Тогава, точно както е написано в Апокалипсиса, чух тържествения глас, наподобяващ звука на дълбоките води и в същото време много ясен и спокоен да казва: "Направи утре встъпителната молитва." Това беше отговор, но нямаше нищо общо с моите притеснения дали да стана Негов служител. Този път гласът беше топъл, предразполагащ, авторитарен, който не търпеше неподчинение. При все това беше изпълнен с любов и внимание.

Все още чувам гласа много ясно, но не може да се опише с думи. Чух този глас и всичките ми притеснения се стопиха като сняг. Изчезнаха плътските мисли и бях изпълнен със Святия Дух. Бях толкова обзет от Духа, че чувствах тялото си леко като памук сякаш можех да летя. Имах чувството, че можех да премина през покрива ако това беше желанието ми. Заляха ме чувства на радост, благодарност и благоденствие, които изпълниха цялото ми сърце. В този момент разбрах как можем да бъдем хванати във въздуха, когато Бог се върне отново! Когато отворих очи, светлините бяха изчезнали и таванът си беше на мястото.

Съпругата ми, която седеше до мен, не беше чула гласа, но и тя беше изпълнена със Святия Дух и знаеше, че аз чувах Божия глас в силната светлина. Възхвалявахме Господ цяла нощ и почетохме силата Му с молитви.

Бях изпълнен със Святия Дух

Рано на следващата сутрин, отидох на църква и проверих разписанието на службите. Все още бях записан като проповедник. След преживяването ми от предишната нощ, имах усещането, че летя. Беше изключително невероятно! В момента, в който започнах да се моля на микрофона, устните ми вече не бяха моите. Сърцето и мислите ми бяха обзети изцяло от Святия Дух. Вдъхновен от Святия Дух, тялото ми трепереше по време на молитвата. В пълно опиянение, устните ми произнасяха сами молитвата и нямаше да мога да спра, дори и да искам.

Беше изумително дори за мен, защото молитвата порицаваше последователите на църквата: "Тежко на вас, които крадете от Бога. Вие, с упорити сърца, които не сте благодарни на Бог! Казвате, че вярвате в Бога, но вярата ви е лъжовна."

Почти нямах контрол върху себе си по време на десет минутната молитва. В онези времена, ако някой проповядваше по време на служба за повече от три минути, щяха да се чуят възмутени гласове. Седнах обратно на мястото си, когато свърши молитвата, но не можех да погледна пастора в очите. Не знаех какво да правя. Единственото, което мислих беше: "Какво ще стане сега, как можеше един дякон да се осмели да порицае цялото паство на църквата!"

Веднага щом свърши службата, пасторът дойде при мен и ми каза: "Твоята молитва ме разчувства." Обикновено не правеше подобни коментари. Все още бях засрамен и исках да си ида бързо и тихо, но много хора започнаха да ме поздравяват с думите: "Дяконе, ти беше вдъхновен напълно от Святия Дух. Твоята молитва ме развълнува."

С пълно подчинение

Накрая бях убеден, че Господ искаше да бъда Негов служител. Направих признание: "Господи, тъй като искаш да бъда Твой служител, ще тръгна по този път. Но Господи, погрижи се за всички въпроси, за които се притеснявам като училището по теология, моята памет и други неща."

Бях на 36 години, когато разбрах, че Господ ме е избрал за Свой служител, побързах да наема стая и заживях сам в едно жилище, което се намираше на пет минути от къщи. Постих, четях внимателно Библията и се молих на Господ да ми даде силна и добра памет. Исках да разпъна на кръст плътта с нейните страсти и желания. Реших да следвам единствено Божията воля като Негов служител. Не беше лесно да се отделя от моето семейство, но по този път ме водеше Святият Дух. Консултирах се с моя пастор в църквата Оксу Донг, която посещавах. Реших да постъпя в

Светата Духовна Семинария Сунг Киул и започнах да уча за приемния изпит.

Накрая дойде денят за изпита. Написах отговорите на въпросите по теми, засягащи пряко Библията. На въпросите по други теми не исках да давам неясен отговор, затова написах само името си и предадох празен лист. На интервюто, деканът ме попита защо съм предал празен лист и съм отговорил единствено на въпросите за Библията. Обясних му при какви обстоятелства съм загубил паметта си.

"Ако нямаш добра памет, как ще станеш пастор?", попита той.

Отговорих: "Господ ме водеше по този път в моя живот."

"Добре, отговорил си правилно на всички въпроси от Библията!" възкликна той.

Бях единственият, изкарал максималма оценка на въпросите за Библията. Тъй като нямах нито една грешка на изпита за Светото писание, изкарах изпита успешно и бях приет. Практически взех успешно приемния изпит въпреки моите притеснения дали ще мога да вляза в семинарията.

Господ ни разрешава да пожънем, каквото сме посяли

Животът в семинарията

Животът на Божиите служители трябва да бъде значително по-различен от този на останалите хора, но колегите ми в семинарията следваха модните тенденции. Обикновено след часовете, те се събираха в кафенетата и водеха светски разговори. В празничните дни, вместо да се молят и да четат Библията, те обсъждаха как да се забавляват. Винаги им казвах да не си губят времето по този начин, а да се съсредоточат върху молитвите, но никой не ми обръщаше внимание. В този случай беше нормално да бъда изолиран от останалите студенти.

През 1979 година, влязох в семинарията на 37 годишна възраст и още от първата си година, аз се молих на Бога да ми даде име на църквата, която щях да отворя. Сестра ми каза, че ще ми помогне да отворя църква и аз започнах да търся подходящо място, но никое не ми харесваше.

Удовлетворяване на Господ за приемането ни в Небесното царство. . .

Вярвах, че Господ ще ми даде да пожъна, каквото съм посял и да ме възнагради спрямо постъпките, затова винаги се стараех да имам възмездие в Божието царство. Дори и по времето, когато работих като строителен работник, ако получавах Божието благословия по време на литургиите, аз винаги отправях големи благодарности от все сърце. Ако нямах пари, давах обет на Бога да Му ги дам след известно време. Разбира се, изплащах всичко обещано. Когато нямах пари да платя поетите обети, аз взимах пари на заем, за да съм сигурен, че обетът към Бога ще бъде спазен.

Не отивах при Бога с празни ръце. Винаги, когато получавах пари, давах повече от една десета като данък. Често давах две десети или три десети от моите приходи. Никога не помислих, че тези пари са загубени и не исках да изчислявам колко Му давам.

Един ден моят пастор ме посети вкъщи. Той не знаеше за нашите дългове и за нашето трудно финансово положение и ни каза, че църквата се нуждае от пари. Попита ни дали можем да отделим по-голяма сума за даренията за строителството на църквата и отговорихме с думите: "Амин. Ще го направя." С радост се съгласихме с пастора. Въпреки че имахме заеми, направихме още едно дарение по молба на пастора, за което трябваше да вземем друг заем. По този начин се надявахме да получим възмездие на небето.

Когато часът настъпи, Господ ще отвори вратите към благословията.

Спазване на Божията воля дори и в дребния бизнес

Имаше един човек, който редовно снабдяваше магазина с книги и се изумяваше, когато затварях в неделните дни. Беше сигурен, че бизнесът ми ще фалира. Въпреки че не беше голям магазин, беше малък бизнес, но Господ беше доволен от него и го благослови много, защото в неделя затваряхме, правехме редовно дарения и плащахме данъците.

Беше пълно с клиенти от ранна сутрин до късна вечер. Много хора идваха да се учат от нас след като мълвата се разпростя в района. Любопитството им нарасна, защото в неделните дни затваряхме и условията не бяха добри. Нямахме литература „за възрастни" и пушенето беше строго забранено. Имаше прилична и здравословна обстановка. Затова и много от учениците на добрите училища идваха при нас.

Каква беше тайната на успеха на нашия магазин? Това беше Божията благословия, защото не работихме в неделните дни и ходихме на църква. Така отговаряхме всеки път на този въпрос, но за невярващите беше трудно да го разберат. Докато държахме магазина, можехме да проповядваме евангелието на много клиенти. Когато отворих църквата, те дойдоха с мен и станаха първите членове на младежката мисия.

Няколко месеца след като отворихме магазина, бяхме в състояние да изплатим целия дълг. Да го върнем толкова бързо беше особено важно за нас. Това стана преди да вляза в семинарията. Изплатихме целия дълг и вече можехме свободно да правим дарения в църквата, която посещавахме. Опитвахме се да помагаме на семействата, които имаха нужда. Когато си организирахме пикник в семинарията, аз приготвях обяда на много учители и студенти. В неделните дни осигурявахме храната за членовете на хора. Тайно помагахме на онези колеги от семинарията, които имаха нужда. Живеехме в къща под наем, но по време на празници и при специални тържества, жена ми се грижеше за целия град. Ако някое семейство беше изключително бедно и не можеше да се нахрани дори за празниците, съпругата ми им даваше храна и оризова дори и да не бяха вярващи. Не го правехме, защото бяхме много богати. Правихме го единствено заради вярата. На следващия ден Господ, който ни позволява да пожънем, каквото сме посяли, правеше така, че да имаме повече приходи от приходите, които имахме в един нормален ден.

Господ ме събуди по време на 200-дневно нощно молитвено бдение

След като приех Бога, никога не поемах ангажименти с другите при никакви обстоятелства. Стремях се да спазвам стриктно Божието слово до такава степен, че започнах да го разбирам. През четирите години, в които посещавах семинарията, всяка вечер се молих и често постих. През ваканциите заминавах да се моля в планината и по-голяма част от почивните дни изкарвах в къщите за молитви. Често имаше случаи, когато давах обет да се моля през цялата нощ. Молих се от полунощ до четири часа сутринта и никога не закъснявах за бдението, нито с една минута.

След молитвата се връщах сам в стаята си и заспивах в пет часа, но трябваше да ставам в 7. Дъщеря ми Миянг, която тогава беше ученичка в основното училище, ми носеше закуската в 7:20. След закуска взимах със себе си кутията за обяд и отивах на училище. Когато часовете свършваха и се прибирах вкъщи, трябваше да си правя домашните. Понякога трябваше да се грижа и за магазина. Имаше толкова много неща за правене. Водих продължително време този начин на живот и бях изморен. Лягах си в 5 и в 7 часа беше трудно да се събудя. Тогава Господ ме събуди в 7.

"Татко!" чух дъщеря ми да ме вика отвън със закуската.

"Ти ли си, Миянг?" Бях сигурен, че съм чул гласа на дъщеря ми и отворих вратата, но навън нямаше никой. Огледах се наоколо да я видя, но я нямаше никъде. Измих лицето си и след двадесет минути Миянг пристигна. В седем часа на следващия ден отново чух: "Татко!" Отворих вратата, но там нямаше никой. В този момент разбрах, че Господ ме будеше с помощта на един ангел.

С течение на времето, престанах да обръщам внимание на това. Дойде моментът, в който не можех да се събудя дори и да чуех гласа да вика: "Татко!" Тогава Господ използва друг метод. Чух звука от стъпки на много хора пред вратата ми, но когато я отворих, за да проверя какво става, там нямаше никой. Беше точно 7 часа.

Докато изпълнявах стодневно нощно молитвено

бдение, на деветдесетия ден разбрах, че е починал тъстът ми. Отидох със съпругата ми в къщата на нейните родители в Мокпо. Молихме се там от полунощ до четири сутринта. Върнахме се вкъщи, когато свърши погребението и довършихме дните за нощното молитвено бдение, но не бях удовлетворен от себе си. Имах чувството, че Господ не е доволен от мен. Започнах още едно стодневно нощно молитвено бдение и го завърших. Така направих общо двеста дневно нощно молитвено бдение.

Да хвърлиш тези пари в тоалетната

Семейството ми знаеше много добре, че не можех да приема нищо, което беше в разрез с Божието слово. Но една неделя жена ми и трите ни дъщери искаха да си купят нещо за ядене след неделната служба. Съпругата ми се опита да прочете изражението на лицето ми и каза:

"Децата искат да закусват. Искаме да си купим нещо за ядене."

"Деца, наистина ли искате да ядете нещо?" попитах аз.

"Да!" отговориха те с ентусиазъм.

Трите ми дъщери мислиха, че щях да позволя това само за този ден, въпреки че знаеха, че беше неделя. Казах им да ми донесат парите от чекмеджето и те донесоха парите, за да си купят закуски.

Тогава им казах: "Вие трите ще отидете в тоалетната

и ще хвърлите тези пари там." Те изхвърлиха няколко стотин вона (няколко хиляди вона или няколко долара по настояща стойност) и се върнаха.

"Знаете ли защо ви накарах да направите това?"

"Да, знаем." Отговориха и трите.

Добавих: "В неделя не се работи. Господ забранява да се купуват и да се продават неща. Ще нарушите ли заповедта на Бог? Ако не можете да победите едно дребно изкушение да ядете нещо, то ще стане два пъти и три пъти по-голямо. Господ няма да е доволен от това. Вие вече нарушихте неделната заповед като дойдохте и поискахте да си купите закуска. Така е, защото в сърцата си вие вече си купихте и изядохте закуските. Затова ви казах да изхвърлите парите." По-късно и трите ми дъщери признаха, че този инцидент е оставил дълбок отпечатък в сърцата им и е станал важен източник на вяра за тях.

Хората се тълпяха

Магазинът беше разположен на ъгъла на много оживена улица и често ни посещаваха не само нашите клиенти, но и пасторите или членовете на църквата. Когато посещавах семинарията, някои жени дякони ми насрочваха среща за консултация. Казаха ми, че някои вярващи са направили кредитно сдружение в църквата. Казах им да не се присъединяват към тази група и им казах защо:

"Христос е казал, че Божият храм е дом за молитви и е порицал търговците, които са продавали стоки вътре. Не е правилно да се извършват доходоносни дейности в църквата. Господ е казал да нямаме никакви дългове освен дълга за любов, затова в църквата не трябва да има обмен на пари. Ако в отношенията се намесят пари, Сатаната започва своята работа и в църквата ще има проблеми."

Скоро това кредитно сдружение предизвика много проблеми и постави църквата в трудна ситуация. Когато отворих църквата, аз забраних всякакви видове пазари, независимо от тяхната цел. Винаги съм казвал на членовете, че сред вярващите не трябва да има финансов обмен. Новината за моите съвети в консултацията се разчу и много хора се наредиха на опашка, за да се консултират. Една от вярващите беше плешива и пристигна с кърпа на главата. Няколко месеца след като получи моята молитва, нейната коса порасна отново и тя махна кърпата от главата си.

Имаше един вярващ, който ходеше при гледачки и не спазваше неделния ден. Преживя автомобилна катастрофа и дойде да ме посети. Поиска от мен да се моля за него, защото изпитвал силни болки от катастрофата. След като се помолих страстно, той свидетелства, че вече не изпитва болка и е излекуван.

Когато спазваме изцяло неделния ден, ние признаваме духовната сила на Бог и Господ ще ни закриля през цялата седмица от инциденти. Ако не спазваш неделния ден, справедливият Бог не може да те закриля. Особено в гореспоменатия случай, тъй като е ходил при гледачки, той е извършвал духовна измяна на Бог, а Той мрази това.

Опитвах се да посея семето на вярата в сърцата на хората, които ме посещаваха с помощта на Божието слово. По своя път към планината към една молитвена къща, за да получи отговор на своя проблем, един пастор се спря да ме посети. След посещението, той можеше радостно да се върне вкъщи, беше получил отговор и проблемът му беше решен. Давах съвети на толкова много хора, че понякога нямах дори време да посетя семинарията. Когато си бях вкъщи, тези които искаха консултация и които се нуждаеха от молитвите ми се тълпяха в дома ми и извън него. Затова трябваше да опаковам багажа си и да замина в планината, когато имах ваканция. Трябваше да избягвам хората, за да мога да се концентрирам върху Словото и молитвите като ученик на семинарията.

Продължителни пости чрез вдъхновението на Духа

Можем да се откажем от греха дори в мислите си

През август, 1979 година, по време на лятната ваканция в първата ми година на духовната семинария, участвах в лятното училище на пасторите от Канаанското Селскостопанско училище с водещия пастор на моята църква. От един извор извираше небесно синя вода. Чух някои пастори да говорят помежду си. Бях изненадан да чуя да си говорят по редица светски въпроси. Мислих си, че всички пастори са святи като Господа. Толкова бях изненадан и разочарован да ги чуя да си говорят за неща като:

"Въпреки, че сме пастори, ние реално не можем нищо да направим за греховната природа на блудния ум и неговите мисли. Затова мисля и вярвам, че това не е грях."

"Точно така," отговори друг: "Правим грях тогава, когато наистина го извършваме реално. Самата мисъл не може да бъде истински грях."

Бях смаян, защото самият аз отхвърлих греховните мисли на блудния ум чрез пости и молитви преди да вляза в духовната семинария. Тъй като корените на греха бяха изтръгнати, дяволът враг и Сатаната не можеха да ми докарат подобни мисли. Щеше ли Господ да ни заповяда да не извършваме прелюбодеяние ако не беше по силите ни да го спазим? Защо говориха така двамата пастори след като знаеха, че греховете могат да бъдат отхвърлени чрез молитви и пости? Христос е казал, че когато един мъж погледне една жена с похот, той вече е извършил прелюбодеяние с нея в сърцето си. Освен това, Той казва, че нищо не е невъзможно за този, който вярва и можем да се откажем от греха ако се борим с него дори и до кръв.

Когато студентите от духовното училище попитаха учителя по този въпрос, той също им отговори, че хората не са способни да направят нищо против своите мисли и че сама по себе си греховна мисъл не е грях. Реших да проповядвам на моите последователи, че можем да изкореним греха ако получим благословията и силата на Бога.

"Господи, благодаря Ти. Ако бях чул преди време, че не можеш да премахнеш греховните мисли от сърцето си, щях просто да се откажа и да продължа да извършвам грехове в мислите си. Но Ти ми даде възможност да се опитам и да се моля да живея според Божието слово и Ти ми даде сили да отхвърля похотливите мисли чрез молитви и пости.

Благодаря Ти, Боже!

Разбрах, че постите са Божията воля

Дори и след като постъпих в семинарията, правих много пости с молитви с продължителност от три дни, седем дни, петнадесет дни и двадесет и един дена. Когато бях млад вярващ, аз дори не знаех защо трябваше да постя, но просто следвах инструкциите на Святия Дух и постих. Когато станах дякон, разбрах защо трябваше да постя и каква беше ползата от това. Когато не се чувствах изпълнен с вяра, аз постих по три дни, по пет и по седем дни и отхвърлях липсата на вяра. Например, когато разбрах, че по характер съм склонен да казвам лъжи, веднага започнах тридневни пости. Беше трудно да се пости толкова дълго и затова бързо прогоних лъжите и други неистини в себе си.

Важно е след постите да поемем възстановяваща храна. След дълъг период на пости, трябва да се храним възстановяващо. Такава храна е овесената или оризова каша. Трябва да я взимаме точно толкова дни, колкото сме постили. В резултат на това, нямаше много дни, в които да мога да ям твърда храна. Беше една непрекъсната последователност от пости и хранене. На първата религиозна служба, която посетих в живота си, аз разбрах за молитвите по време на пости, но не знаех нищо за възстановяващото хранене. Не знаех всъщност за какво служат постите, но по наставленията на Великия Дух, аз реших да започна седем дневно постене и отидох в планината Чунг-Гай с едно одеяло и с Библията.

На близко разстояние от центъра за молитви имаше няколко индивидуални места, наречени „килии за молитва". Мястото беше влажно, на пода имаше няколко продупчени дървени дъски и навсякъде пълзяха насекоми. Виках в молитвите си и накрая завърших там седем дневните пости. На слизане от планината, краката ми трепериха, но аз бях щастлив, че съм завършил постите. Когато стигнах до автобусната спирка, видях един амбулантен търговец да продава пържени картовки и донатс. Изядох няколко донатс и се прибрах вкъщи.

"Скъпа, ще ми направиш ли нещо за ядене"

Съпругата ми приготви храна за мен и аз казах: "Надявам се да ми понесе добре" и изядох две купи с ориз. Сигурно за стомаха е била прекалено твърда храна, но не ми стана тежко. След известно време чух, че домът за молитви Осанри се е преместил в Паджу, Кионг-джи До. Аз също отидох там да постя и да се моля. Докато присъствах на едно събрание по време на тридневните пости разбрах колко е важно „възстановителното хранене". Пасторът каза, че трябва да ядем лека и мека храна като каши или зеленчуци. Но аз имах различно мнение по този въпрос.

Когато свършиха постите и се прибрах вкъщи, изядох една нормална порция ориз след молитвата "Надявам се да ми понесе добре." Но изведнъж, лицето ми се поду и чувствах неблагоразположение по цялото тяло. Коленичих веднага и започнах да се моля. Чух гласа на Светия Дух.

"Когато не знаеше нищо за възстановяващата храна, аз

виждах, че вярваш, но сега вече знаеш какво да ядеш и не се подчиняваш от арогантност". Аз бях напълно разкаян, че не спазих наученото и веднага започнах нови пости.

Ползата от молитвите по време на пости

Молитвата по време на пости е много важна за получаване отговорите на нашите молитви и има много предимства. Първо, много е трудно човек да пости и после през определен период от време да се храни с възстановителна храна без да наложи волята си върху физиологичните нужди. По време на пости, ние черпим енергия от собствената си плът и така увеличаваме способностите си за авто контрол. Сетивата ни се изострят и това ни помага да се издигнем духовно. От физиологична гледна точка, стомахът си почива и това е полезно за здравето. Мислите ни се проясняват и затова постите имат значение, както за ума, така и за тялото. Сетивата ни се изострят, чувстваме се изпълнени със Святия Дух и можем да получим силата на Бога. Чрез страстни молитви ще получим отговорите на различни въпроси и тези молитви ще предотвратят дори потенциалните проблеми. Господ работи за всеобщото благо.

Толкова често постих, колкото се и хранех, но никога не променях решението си ако бях решил да започна молитви по време на пости. Можем да имаме доверие на Бог, когато спазваме обещанията си пред Него. Когато получаваме отговори чрез молитва или чрез пости, ние засилваме нашата убеденост във вярата и освен това получаваме сили и кураж в живота. Това е важно за нашия опит като Християни и добър начин да водим успешен живот чрез вярата.

Следователно, молитвите по време на пости са волята Божия и един от най-добрите начини за осъществяване царството на Бога и реализиране на добродетелността.

Как да отправим молитва с пости

Молитвите по време на пости представляват молитвите, когато тялото не поема нищо друго освен вода. Това означава да се молиш с решителност и непоколебимост с думите: "Ако умра, ще умра." Не трябва да започваме необмислени и неразумно дълги пости за повече от десет дни и трябва да следваме Божията воля чрез ръководството на Святия Дух.

Исая 58:6 казва: *"Не е ли това постът, който аз съм избрал : да развързваш несправедливите окови, да разхлабваш връзките на ярема, да пускаш на свобода угнетените и да счупваш всеки хомот?"* Под несправедливите окови тук се имат предвид всички проблеми, причинени от неспазването на Божието слово. По-точно казано, ако предложим на Бога удовлетворителни пости, нашите проблеми ще бъдат разрешени. Някои хора правят 40-дневни пости, обсебени от техните собствени мисли и имат проблеми, защото не са защитени от Бога. Какво тогава означават истинските Богоугодни пости?

Първо, постите трябва да се извършват с постоянство.

След като веднъж решим колко дни ще постим, не трябва да се отказваме по средата на този период. Не трябва да спираме или да се отказваме по средата на постите единствено защото е трудно. Ако се налага да прекъснеш постите по непреодолими причини, трябва да започнеш целите пости отначало, изпълнявайки обещанието си, което си направил пред Господ. Ако полагаш обет пред Бог и после променяш решението си поради тази или онази причина, как може Господ после да вярва в теб и да те обича? Каквото и да решим пред Бог, трябва да го спазим. По този начин се научаваме на издръжливост и може да спечелим доверието на Бога и по този начин освен това, можем да следваме волята Божия.

Второ, по време на пости трябва да викаме в молитвите си

Някои хора не се молят правилно и често спят повече по време на пости. Този начин на поведение без да се храним, няма никакъв смисъл. Само когато викаме в молитвите си, Господ ще ни дари с Неговото благословия и сила, за да продължим постите. Ще ни даде също отговор на нашите молитви и ще ни благослови.

Така, както обикновено се храним по три пъти на ден, по време на пости трябва да отправяме молитви поне три пъти дневно. По този начин ще получим духовна манна и небесна жива вода, за да се изпълним със Святия Дух и да изгоним дявола враг. Когато се правят продължителни пости, трябва да се молим поне пет пъти на ден, за да получим духовния хляб на Бога. Освен това, не трябва да приемаме постите само като външен израз. Когато сърцето ни се разкъсва и се молим от дълбочината на сърцето си, Господ може да ни даде сила и да ни благослови (Йоил 2:12-13).

Трето, не трябва да се отдаваме на забавления

Исая 58:3 казва: *"Защо постихме, казват, а Ти не виждаш? Защо смирихме душата си, а Ти не внимаваш? Ето, в деня на постите си вие се предавате на своите си удоволствия и изисквате да ви се вършат всичките ви работи"*. Ако гледате телевизия, ако се ядосвате или злословите по адрес на другите по време на постите, Господ няма да ги приеме доволно и не трябва да очаквате да получите Неговия отговор. Следователно, трябва да се въздържаме от развлечения, безсмислени разговори или да правим неща, лишени от вяра. Ако правим нещата по този начин, Бог ще бъде доволен.

Четвърто, когато се молим, трябва първо да се молим за Божието царство и Неговата праведност

Ако се молим, изпълнени с алчност и следваме своята

похот, Господ няма да приеме молбата ни. В този случай, няма да получим отговори. Напротив, постите ще накърнят тялото ни и трябва да бъдем много внимателни. Не трябва да се молим за нашата слава, власт над света или превъзхождащи знания, а единствено да бъдем пречистени от греховете и са бъдем правилен инструмент в ръцете на Бога. Трябва да се молим за спасението на повече души, да получим повече от Божията сила и да получим даровете на Святия Дух. Господ ще приеме нашата молитва радостно, когато се молим за Неговото царство и праведност и за пасторите на църквите.

Пето, трябва да се молим, изпълнени с духовна любов

Исая 58:7 казва: *"Не е ли да разделиш хляба си с гладния и да въвеждаш в дома си сиромаси без покрив? Когато видиш голия, да го обличаш и да не се криеш от своите еднокръвни?"* Господ ще бъде трогнат и притеснен, когато Неговите деца спрат да се хранят, за да се молят за Него. Ако те извършват добри дела и се отнасят с любов към другите, колко обичани ще бъдат в очите на Бога? Тогава Той ще приеме постите с радост и ще даде отговори по-бързо.

Шесто, трябва да се храним правилно с възстановяваща храна

За да завършим постите, трябва да се храним с

възстановителна храна толкова време, колкото сме постили. Когато се храним правилно с възстановителна храна, ще придобием контрол върху себе си. Няма да навреди на тялото ни, а ще го направи по-здраво и нашият дух ще се проясни.

Някои хора казват: "Имам здрав стомах и няма нужда да се храня с възстановителна храна." Това наистина е много грешно мнение. Когато се храним правилно с възстановителна храна, Господ прави слабите стомаси по-здрави и лекува леките болести и заболявания.

Дори и да изпълним постите много добре, ако не се храним правилно с възстановителна храна, ще загубим толкова много енергия, че ще навредим на тялото си и ще имаме проблеми. Освен това, по време на възстановителния период, не трябва да извършваме тежък труд. Може да имаме изпит непосредствено след постите и затова е по-добре да се молим за него докато продължават.

Правилно възстановително хранене

Ако ядем прекалено много по време на възстановителния период, лицето ни ще се подуе и няма да бъде добре за стомаха ни, затова трябва да сме внимателни. Обикновено се храним три пъти дневно, но когато поемаме възстановителна храна като леки супи и оризови каши, можем да взимаме по една чаша от тях четири пъти на ден.

Трябва да избягваме месо, яйца, хляб, газирани напитки и силни храни, които са мазни, люти, солени, или кисели. Трябва да избягваме храни с мазнини и подправки. По-добре е да се ядат зеленчуци.

След тридневни пости, можем да ядем оризова каша, но след дълги пости, стомахът става като стомаха на новородено бебе. В продължение поне на два дни, трябва да поемаме само разредени оризови супи, много рядки, представляващи почти вода. Взимайте ги около четири пъти на ден. Можем евентуално да пием и ябълков сок четири пъти на ден.

След три или четири дни, можем да започнем с по-гъста оризова супа. След няколко дни можем да добавим в кашата оризово брашно или сварена тиква и можем да увеличим количеството. За странични блюда, трябва да избягваме месото, и мазнините. Ако искаме месо, можем да ядем малко риба, но трябва да е само леко осолена.

Добри са също някои зеленчукови супи, особено когато махнем коричката на сусамовото семе и го добавим в оризовата каша. Можем по-бързо да възстановим енергията си и ще се почувстваме по-здрави ако следваме тези процеси на възстановяване.

Молитва за ръководството на Святия Дух

Аз бях затворен човек. Ако имаше някой до мен, не можех да се моля на висок глас. Поради тази причина, винаги се молих сам през нощта. Около 30 минути след започване на молитвата, аз изпитвах завършеността и вдъхновението на Святия Дух, за да имам дълбока духовна връзка с Бог. Понякога ме обземаше толкова голямо вдъхновение, че започвах да пея на друг език. Друг път танцувах с движенията на Святия Дух и пеех Алилуя.

Божиите ръце подготвят откриването на църквата

Преодоляване на изпитанията на вярата

Господ подложи на изпитания вярата, за да може семейството ми да бъде праведно. През 1980 година, най-малката ми дъщеря, Сууджин, беше на шест години, когато един ден вървеше по улицата със своята сестра. Наблизо имало по-големи ученици, които си играели с топка. Изведнъж едно от момчетата се обърнало, за да хване топката и налетяло на Сууджин. Тя паднала, ударила си главата в асфалта и получила сътресение. Родителите на момчето дойдоха и заведоха Сууджин в болницата.

Съпругата ми разбра за лошата новина и отишла в болницата. Лекарите казаха, че трябва да заведем Сууджин в главната болница. Обясниха ни, че мозъкът на Сууджин е увреден значително и че трябва да се направят някои изследвания за умствените ѝ способности след нараняването. Дори и с операция, имаше голяма вероятност да остане умствено изостанала.

Бях в магазина и чух как Сууджин говореше в делириум. Вярвах, че тя ще се излекува с молитви и затова я заведох вкъщи вместо да отидем в главната болница.

Майката на ученика не знаеше какво да прави. Тя работеше като домакиня и беше в същото финансово затруднение като нас.

След като й казах да бъде спокойна, аз вдигнах ръката си и се молих за Сууджин. Тя говореше в делириум и стенеше. Не се събуди дори и на следващия ден и двамата с жена ми се молихме цяла нощ. В сряда, тъкмо излизах от къщи, за да ида до семинарията и изведнъж чух гласа на Сууджин да казва: "Татко, днес не е ли ден да се ходи на църква?" Беше дошла в съзнание.

"Господи, благодаря Ти! Ти отговори на молитвите ми и Сууджин дойде в съзнание." Когато се прибрах вкъщи след часовете, Сууджин беше излязла, за да отиде в църквата на службата в сряда.

Втората ми дъщеря беше ударена от камион

През 1981 година, втората ми дъщеря Микиянг пострада в пътно-автомобилна катастрофа. Микиянг слязла от автобуса и тръгнала да пресича шосето. Шофьорът на камиона не я видял и я бутнал. Беше изхвърлена на земята. Събрали се много хора и шофьорът я закарал в болницата.

Когато съпругата ми пристигна в болницата, лицето

на Микиянг беше толкова подуто, че изглеждаше сякаш имаше две брадички. Вътрешната част на устата й беше изцяло разкъсана. Беше просто ужасно. Докторите казаха, че трябва да остане в болницата, но съпругата ми я прибра вкъщи. Микиянг беше покрита с кръв и не можеше да отвори очите си. Лицето й беше съсипано от толкова много рани и охлузвания.

Не можеше да яде нищо. Едвам успяваше да пие мляко или малко супа от сламка. Когато отворих устата й, за да погледна вътре, изглеждаше ужасно. Положих ръка върху Микиянг и се молих страстно. Въпреки всичките рани, тя отиде на училище. Учителката й беше шокирана и й казала да отиде в болницата. Съпругата ми и аз постихме и се молихме страстно цяла нощ. Микиянг продължи да ходи на училище и след един ден, лицето й беше покрито със синини сякаш е имала натъртвания. След още пет дни, коричките паднаха и тя се възстанови напълно. Устата й възвърна формата си, подуването спадна и вътрешността на устата й също оздравя и се излекува. Тя завърши образованието си и каза, че отсега нататък винаги ще ходи на църква.

По време на лятната ваканция през същата година, получихме писмо от учителката на Микиянг. В него пишеше, че е осъзнала, че Господ е жив и че Неговата сила е могъща, защото е видяла колко бързо се е възстановила Микиянг без лекарска намеса и лекарства.

Първата ни дъщеря беше излекувана след разкаянието на моята съпруга

През 1981 година, моята първа дъщеря Миянг ходеше

на основно училище. По време на лятната ми ваканция, отидох да постя и да се моля в дома за молитви Осанри. Когато се върнах видях, че цялото тяло на Миянг беше покрито с циреи. Имаше толкова силен обрив, че кожата й беше станала твърда като дървена кора, цялата разранена и инфектирана. През пукнатините на раните й излизаше гной. Направо беше ужасно. Кожата й кървеше при най-малкото движение и Миянг трябваше да седи неподвижно в ъгъла на стаята.

Съпругата ми вярваше, че Господ може да я излекува и не й даде лекарства, нито я заведе в болницата. Аз се молих за Миянг, но тя не можеше да оздравее. Молих се за нея отново и на следващия ден, но нямаше подобрение.

"Ето, ръката на Господа не се е скъсила, за да не може да спаси, нито ухото Му е затъпяло, за да не може да чува, но вашите беззакония са ви отлъчили от вашия Бог и вашите грехове са скрили лицето Му от вас и Той не иска да чува" (Исая 59:1-2).

Погледнах дълбоко в себе си и потърсих нещо, за което трябваше да се разкая, но нищо не ми идваше наум. Сигурен бях, че Миянг не е имала прояви на лошо поведение. Тя винаги се държеше като добро момиче. Съпругата ми сподели, че е била ленива по време на сутрешната молитва, защото е била твърде заета, но по-късно се е разкаяла за това пред Бог. Помолих се отново за Миянг след разкаянието на моята съпруга и този път Господ направи нещо. За една нощ избледня кожата, покрита с дебелия, пожълтял от инфекцията обрив и коричката се обели. Миянг оздравя напълно от обрива преди да свърши ваканцията.

Когато разчитахме изцяло на Господ, Той не ни позволяваше да се сблъскаме с трудни ситуации. Осъзнахме, че това, което стана беше проверка на нашата вяра, за да засилим вярата на нашето семейство така, както Господ е направил от Йов по-добър човек като го пречистил чрез циреите и ние благодарим за любовта на Бога. Преди откриването на църквата, Господ ни подложи на изпитания чрез всяка от трите ни дъщери, за да увеличи вярата ни.

Какво ще правя?

Съгласявах се за всичко с Господ, винаги приемах с радост и се подчинявах на Неговите отговори. Когато четях Библията много ме развълнува това, че Давид разчиташе на Господ за всичко.

"След това Давид се допита до Господа като каза: Да възляза ли в някой от Юдовите градове? И Господ му каза: Възлез. Пак рече Давид: Где да възляза? А Той му каза: в Хеврон" (2 Царе 2:1).

"Тогава Давид се допита до Господа, казвайки: Да възляза ли против филистимците? Ще ги предадеш ли в ръката ми? И Господ каза на Давида: Възлез, защото непременно ще предам филистимците в ръката ти" (2 Царе 5:19).

Давид се е допитал до Господ за всичко, дори и за най-дребните неща. Допитвал се е като малко дете, което пита своите родители какво да прави и е бил ръководен от Бог. Когато Давид търсел съвет от Бога, Той всеки път му казвал какво да прави като щедър баща. Аз също питах Господ какво е желанието Му по всеки въпрос и Той ме оставяше ясно да чуя гласа на Светия Дух.

40-дневни пости

По време на зимната ваканция във втори курс на духовната семинария през 1981 година, Господ подтикна сърцето ми към 40-дневни пости. Преди да ида в центъра за молитви, приготвих моята Библия, книгата с църковни песнопения и някои други книги за проповеди. Тъкмо, когато тръгвах, изведнъж чух силния глас на Светия Дух:

"Недей да взимаш със себе си и да четеш никоя друга книга освен Библията и книгата с църковни песнопения докато продължава периода на 40-дневните пости."

Бързо разопаковах и извадих всички други книги с изключение на Библията и на книгата с църковни песнопения и отидох в дома за молитви Осанри. Беше ваканционен период и там имаше много вярващи. Времето тогава беше най-студеното през последните 60 години. Присъствах на всички официални литургии в центъра за молитви и бях определил три часа на ден за молитва (на зазоряване, следобяд и 11 часа вечерта). Когато влязох в килията за молитви и коленичих на пода, аз имах чувството, че замръзвам от студ, но въпреки това, виках в молитвите си и не пропуснах нито една от тях.

Килията за молитви беше заскрежена и приличаше на голям леден куб. Но тъй като се стараех да викам в молитвите си в продължение на 30 - 40 минути, Господ ми даде благословията си и бях способен да викам в молитвите си с часове. Заради това, че бях млад вярващ, правих много пости, включително 5-дневни, 7-дневни, 15-дневни и 20-дневни. Постих често и в същото време посещавах духовната семинария. Мислих, че с Божията помощ щях да мога да направя дори и 40-дневните пости. Молих се за Божието царство и за Неговата праведност и се молих на Господ да ми обясни словото Си. Бях определен за Негов служител, но сам нищо не бях способен да направя и затова страстно се молих да получа Божията сила, за да работя за Него. Молих се също така за отварянето на святата обител и Господ ми изпрати сън за църквата, която щеше да изпълни световната мисия:

"Има много души, които страдат от болести и бедност. Нека твоята църква помогне на тези, които се нуждаят, да излекуват духа и тялото на хората, да бъде свидетелят, който да проповядва тези добри новини на целия свят и да изпълни световната мисия. Нека твоята църква да се издигне и да заблести. Аз избрах теб и ще те ръководя от начало до край. Направи това и когато направиш друго, ще отвориш твоята църква."

Тъй като самият аз дълго време бях изпитвал болката от много заболявания, можех да разбера онези, които бяха повалени от болести. За да накарам невярващите да вярват, за да излекувам толкова много хора от техните страдания и недъзи и за да разхлабя веригите на неправдите, които обвързват хората в този свят, изпълнен с грях, трябваше да получа великата безгранична сила на Бог и се молих:

"Господи, дай ми Твоята сила, за да може хората, докоснати от моята сянка или тези, които докосват краищата на моите дрехи, да бъдат излекувани и чрез устната заповед, дяволът враг да си отива."

Когато се молих толкова ревностно, получих обещанието, че Той ще ми даде властта да прогонвам дяволските отрицателни сили. Моята мечта беше да получа повече сила от Бога, да проповядвам добрите известия и да давам вяра на тези, които не познават Бога, които страдат от болести, бедност, от грижите на този свят. Исках да създам църква, която да се разраства и да проповядвам евангелието по всички краища на света. За да може да се сбъдне мечтата на световната мисия, трябваше да получа безгранична сила от Бога, затова копнеех и се молих да получа способностите, които са получили признатите и обичани от Бога мъже като Моисей, Джошуа, Елая, Елиша, Петър и Пол, за да могат да изпълняват знамения и чудеса.

Като служител на Бога, аз се молих не само за силата и властта да покоря света, но и да получа дванадесетте дара на Святия Дух. След шестия ден, Господ вече не ме подкрепяше. Без неговата помощ, дяволът враг ми пречеше. Когато минаха седмият и осмият ден, на мен ми се виеше свят и имах спазми на ръцете и краката. Чувствах се сякаш полудявам и нощно време не можех да спя. Страх ме беше да не полудея и се борих да запазя ясно съзнанието си. В съня

ми, някой ме насили да ям ориз. Когато се събудих, аз се разкаях за този сън.

Мислих си да се откажа, защото ме беше страх, че по този начин няма да задоволя Господ, но ако бях спрял в този момент, трябваше да започна от самото начало. Затова продължих всеки ден да се боря с болките.

След девет дни симптомите спряха. След двадесет дни, нямах сили дори да чета Библията, затова си купих някои книги с проповеди от един пастор. Прочетох няколко глави, но нямах повече сили да чета. Отидох в килията за молитви, но не можех да събера сили да викам. Толкова много усилия трябваше да положа, за да мога да се моля. Молбата ми беше: "Господи, дай ми сили да викам в молитвата."

Не знаех колко време беше минало, но докато се мъчих един глас трогна сърцето ми: *Казах ти да не взимаш със себе си и да не четеш никаква друга книга освен Библията и книгата с църковни песнопения. Защо четеш книга, написана от човек?"*

Силите ми се възвърнаха и казах: "Господи, мислих, че това не е лошо, но не се подчиних. Моля те, прости ми." Беше ми трудно да чета Библията и реших, че можех да чета друга книга. Осъзнах, че това беше неподчинение и се разкаях напълно. Тогава получих нови сили и можех да се моля отново.

На двадесет и осмия ден бях само кожа и кости. Бях отслабнал значително. На тридесетия ден, вътрешностите ми бяха пресъхнали и слепнали една за друга и дори водата не можеше да слезе надолу, чувствах се зле, сякаш имах лошо храносмилане. Когато пиех малко вода, тя се връщаше обратно. Когато повръщах, имаше мъртва, черна кръв. Мисля, че това се дължеше на спукани вени в стомаха и повръщах засъхналата кръв.

На тридесет и вторият ден дойде да ме види моята първа дъщеря, която беше ученичка в основното училище. Няколко души споделяхме обща стая и реших, че ще се притеснят ако ме видеха да повръщам. Прибрах се вкъщи с дъщеря ми. Продължих да постя в стаята, която бях наел наблизо и това бяха извънредни усилия пряко волята ми. На тридесет и деветия ден в единадесет часа сутринта, като по чудо всички болки изчезнаха и Господ ми даде небесни сили. Имах силата на напълно възстановен човек. Изкъпах се и се преобляков. В полунощ направих благодарствена литургия и завърших постите.

Като орел, който учи малките си

По-късно изпитвах любопитство защо Господ не ме подкрепи през цялото време на моите 40-дневни пости. Никога до този момент не съм имал особени проблеми да постя, защото Господ ми помагаше и ме подкрепяше. Попитах Го в молитвата си защо ме остави да се справя сам с толкова много болка и той ми отговори следното:

"Не бях затворил очи за теб, но съзнателно исках да станеш по-силен. Ако сравниш постите, които са лесно изпълними с Моята помощ и постите, които завършиш сам със свои собствени сили и издръжливост, разликата в силата, която ще придобиеш е много по-голяма."

Само тогава, когато можех да завърша постите самостоятелно с мои собствени сили и воля на духа, можех да стана по-издръжлив и по-силен, за да преодолея всякакъв вид трудности. Когато чух тези думи, аз си спомних за Второзаконие 32:11-12.

"Както орел разбутва гнездото си, трепери над пилетата си, разпростира крилата си, та ги подема и вдига ги на крилата си, така Господ сам го води и нямаше с него чужд бог."

Орлите правят гнездото си на върховете на стръмни скали. Когато малките им пораснат малко, майката орел избутва малките от гнездото. Докато падат надолу, те инстинктивно разперват крила и започват да летят, за да оцелеят. По този начин на обучение, малките орли стават силни, за да могат да оцелеят в борбата за живот, летейки високо в небето. Не можех да удържа да не проливам сълзи за любовта на Бога, който ме обучаваше строго, както орелът е суров с малките си докато ги отглежда.

Глава 5

Начало на църквата

Подготовка за Божието слово в продължение на три години

Аз те пречистих

Замислих се за значението на „трите години". На 9 юли, 1974 година, на рождения ден на баща ми стана един инцидент, с който започна развода между мен и съпругата ми. На десети юли, 1977 година, отворихме финансово стабилен магазин на пазара Киумхо Донг. Бяха минали точно три години и нито един ден повече или по-малко. Тъй като курсът на обучение в духовната семинария е 4 години, отначало не можех да разбера защо Господ каза, че ще бъде с мен „показвайки чудеса и знамения" след като бях учил Божието слово три години. Скоро разбрах значението и на тези думи. През февруари, 1982 година, по искане на пастора от църквата Илман в Масан, говорих по време на една религиозна служба. Завърших втората си година в духовната академия през февруари, 1982 година, тъй че бяха изминали точно три години, откакто бях постъпил в духовната семинария. Един водач на църквата ме помоли:

"Пасторе, моля те, ела в моята църква да говориш на изцерителната служба."

"Аз не съм дори ръкоположен пастор. Как може един студент от духовната семинария да говори на изцерителна служба? Моля те, помоли другиго."

"Не. Досега водих аз тази служба и Господ ме подсети за теб. Божията воля е ти да я водиш."

"Тогава ще се моля за това и ще ти отговоря."

Тъй като това беше първата ми изцерителна служба и все още бях само студент, не се чувствах много уверен. Постих три дена в дома за молитви Осанри и след това добих увереност и сигурност. Когато се върнах вкъщи, аз коленичих на пода да се моля за посланията, които щях да проповядвам на службата. В този момент, изпълнен с вдъхновение, Господ ми даде 11 послания с подробно описание на съответните откъси и заглавия, включително посланията за проповедите на зазоряване. Това вдъхновение от Бога ми напомни за една книга, която бях чел преди: "Чел си преди това тази книга, давай я за пример." Толкова бях впечатлен и още един път установих, че нищо не е невъзможно за Бога. Завърших всички приготовления от уводната до заключителната част на проповедите. Говорих по време на службата и я ръководих според Божията воля. Всички членове ми благодариха и казаха, че са получили Неговата милост. Повечето твърдяха, че за първи път имат досег със словото на живота, което повишило духа им и проблемите им били решени.

След като започнах с тази служба, бях поканен от много църкви, за да говоря на техните литургии. Всеки път Светият Дух, като силен завихрящ се вятър, съпровождаше службата с чудеса и знамения, извършени от Бога. Когато Господ ме повика за Свой служител, Той каза: "За три години, приготви се със Словото за три години."

За успешно духовенство

Във втори курс на духовната семинария, моите колеги също се готвиха да открият църква. Бяха заети с търсене на данни и информация, свързани с откриването на църкви и за тази цел посещаваха конференции за разрастването на църквите. Изучаваха също така казуси за изцерителни служби. Колегите ми ме съветваха: "Пасторе, как може правилно да управляваш само чрез пости и молитви през цялото време в планината? Защо не се присъединиш към нас, за да научиш повече неща?" Разбира се, можеше да бъде от полза да събера повече информация и да науча нови неща, необходими за откриването на църквата, но бях на различно мнение.

Това, което исках да науча, не бяха човешките методи, а Божият метод за развитието на църквата, изложен в Библията. Докато четях Библията, бащите на вярата като Петър и Пол, винаги се опитваха да се молят във всеки един момент. Разбрах Божието слово чрез медитация върху

Библията и проповядвах прилежно евангелието.

От Деяния 8:26 нататък, Филип отива в пустинята под ръководството на Святия Дух и среща Етиопски евнух, велможа на Етиопската царица Кандакия. Той е поставен отговорен за цялото й съкровище. Евнухът четеше книгата на пророк Исаия и искаше да разбере Божието слово. Тогава Филип му каза за Христос и го покръсти. Апостол Пол искал да проповядва в Азия, но Святият Дух не му позволил да проповядва в Азия, а го завел в Македония. (Деяния 16:6-10)

Това, което разбрах по време на медитацията върху словото беше, че Господ сам ръководи и насочва Своите служители. Установих, че за успешното духовенство, най-важното беше да имаш вътрешна комуникация с Бога и да следваш Неговата воля. Затова се молих винаги, когато имах време и се опитвах да разбера духовния смисъл на Божието слово.

Съпругата ми се грижеше с любов за душите

През март, 1982 година, след завършване на 40-дневните пости и след като завърших периода на възстановителното хранене, започна новата академична година. През новата година, бяха реорганизирани групите в църквата, която посещавах. Съпругата ми стана ръководител на службите в центъра, а дяконът Ейджа Ан стана неин водач. Групата се състоеше от петима члена. През април, членовете на групата се увеличиха на 25.

Съпругата ми проповядваше усърдно евангелието

на хората и се грижеше за членовете. Освен това, беше отделила определен час за ежедневни молитви в къщи с дякона Ейджа Ан. По време на молитвата на тези сбирки се решаваха семейни проблеми и все повече членове на семействата се присъединяваха чрез проповедта на евангелието. Срещата се разрасна в голяма литургия. Съпругата ми беше добра готвачка и на всяка среща готвеше вкусна храна за членовете.

В неделя сутринта, ние изпращахме трите си дъщери да посетят всяко семейство с посланието: "Днес е ден да се ходи на църква, затова елате вкъщата ни към десет часа." Ако не бяха вкъщи в десет часа, малките ми дъщери отново ги посещаваха, чукаха на вратите им и ги подканваха да отидат всички на църква. В някои случаи, те не можеха да откажат на дъщерите ни и идваха. По този начин, в неделните дни в църквата ми имаше около 30 човека. Съпругата ми се грижеше за тях с любов и така беше обучена да бъде жена на пастора.

Със седем долара

Случи се нещо изумително

Когато преминах в горния курс на духовната семинария на първи март магазинът ми, който винаги беше пълен с клиенти, изведнъж нямаше никакви посетители. Беше абсолютно празен. Отначало се замислих дали не съм извършил някакъв грях спрямо Господ и реших, че на следващия ден всичко ще бъде наред, но ситуацията не се промени. Съпругата ми и аз се молихме на Бог, но не получихме отговор. Тъй като нямахме приходи, вноската за месечния наем на магазина беше приспадната от сумата по гаранцията. По-късно разбрахме, че това е било Божие провидение. Затворихме магазина, за да открием църквата на 25 юли и дотогава не беше останало нищо от гаранцията. След изплащане на всички данъци, в ръцете си имахме само седем долара. Господ превърна в нищо всичко, което бяхме спечелили и ни остави да открием църквата единствено със седем долара.

Хората идваха със заболявания

Защо майката на Миянг винаги е щастлива?

Имаше период, в който бях на смъртно легло и съпругата ми започна християнския си живот след като видя пълното ми изцеление от всички болести. Сега постоянно беше щастлива и изпълнена с радост. Дори и да нямахме какво да ядем на следващия ден, ние бяхме винаги благодарни. Независимо дали миеше съдовете или правеше нещо друго, тя винаги пееше хвалебствени песни. Когото и да срещнеше, тя му разказваше, че е срещнала живия Бог и проповядваше евангелието. Всеки ден съпругата ми живееше изпълнена с щастието на Святия Дух.

Преди откриването на църквата, новините за моето семейство се разпространяваха и нарастваше броят на хората, които идваха да получат моята молитва. През април, 1982 година, една вярваща жена дойде да ме посети. Толкова беше слаба, че изглеждаше само кожа и кости. Каза ми, че не можела да ходи бързо, защото имала вродена болест на сърцето.

"Пасторе, три дена след като родих детето си, тялото ми се поду и здравето ми се влоши. Нямам сили дори да държа бебето на ръце." "Приеми молитвата с вяра. Господ ще ти помогне."

Тя прие молитвата веднъж и беше излекувана от

сърдечното заболяване. Това е старши дяконът Сионг Джа Ким, понастоящем предан последовател на молитвите на нашата църква. Друг ден, една жена на средна възраст посети магазина. Каза, че чула приказките за моето семейство и ме намерила. Имаше двадесет годишна дъщеря с изкълчен хълбок. Краката й не бяха еднакво дълги и не можеше да върви добре. Болката, която изпитваше беше толкова непоносима, че пиеше морфин. Постепенно тялото й беше свикнало с морфина и вече не й действаше. Нямаха ефект за нея дори и силните болкоуспокояващи. Майка ми ме помоли да се моля за нея. Извърших една религиозна служба в нейния дом. Светият Дух ме накара да се моля за това семейство в продължение на 21 дни.

По това време аз продължавах да посещавам и духовната семинария и бях прекалено зает с нощни молитви, но успявах да им проповядвам Божието слово и да се моля за тях 21 дни. Постепенно болната дъщеря започна да вярва, спря да взима лекарствата, които пиеше и започна да разчита единствено на Господ. На двадесетия ден, вече нямаше никакви болки. На следващия ден, тя каза следното:

"Пасторе, тази къща е стара и таванското помещение е пълно с плъхове, които се чуват винаги. Някои от тях влизат през нощта в стаите и правят бели. Не мога повече да живея с тях. Миналата нощ имах сън и когато се събудих, стана нещо странно!"

Плъховете бяха толкова много, че не помагаха нито отровата, нито други използвани средства. Тя постоянно беше нервна, раздразнителна и неспокойна заради болките, а нощем не можеше да заспи заради плъховете. Тя сънува, че приема молитвата ми и тогава всички плъхове - малки и големи, избягаха групом. Последен беше един огромен плъх като царя на плъховете. Болките изчезнаха напълно и с тях изчезнаха и плъховете от тавана. Жената беше толкова изненадана и учудена от Божието дело, че не можеше да скрие емоциите си. Няколко дена по-късно, майката на тази млада жена дойде да ме посети и каза: "Пасторе, дъщеря ми умира! Моля те да дойдеш веднага и да се помолиш за нея!"

Нощта се беше преполовила, когато пристигнах в къщата й. Дъщеря й се виеше от болки на пода. Беше яла пържено пиле след тридневните пости вместо възстановителна храна и имаше силно стомашно разстройство. Сложих ръката си върху нея, започнах да се моля с вдъхновението на Святия Дух и видях ясно да се стопява една кост в стомаха й. След молитвата, тя повърна изядената храна, пое си дълбоко въздух и лицето й възвърна цвета си.

Да направиш чист съд

Често постих и правих всичко необходимо, за да прогоня всякакво злото и да спазвам Божиите заповеди. Опитах плодовете на Святия Дух и установих, че притежавам неговата сила. Бяха минали седем години, откакто се молих да разбера Божието слово и Той ми изпрати пророк. През април, 1982 година, една жена, член на църквата, на която моята съпруга беше проповядвала евангелието, дойде да ме посети и каза:

"Пасторе, по средата на нощта, някой извика името ми три пъти и аз отворих очи. Сред ярко силната светлина, през която едвам можех да задържа очите си отворени, Господ се появи и ми каза: „Ще избера теб, ще те направя известна сред всички народи и ще разказваш за мен на целия свят". Нямам представа какво означава това."

По онова време, тя не познаваше нито „Битие", нито „Матей" но стомахът й беше излекуван с молитва. По време на службите, които изпълнявахме за откриването на църквата, устните й произнесоха Божието слово и аз бях много изненадан да чуя някои от думите, които Господ ми беше казал, когато ме извика за Свой служител:

"Не пожела ли ти дванадесетте дара на Святия Дух? Дадох ти всички тях, затова извърши молитва за благодарност."

По-нататък чрез пророчество, Господ говори с мен за нещата, които само аз знаех. Дори и съпругата ми не знаеше всичко. По този начин разбрах, че Господ ме е дарил с дарбата на пророчеството. Господ ме накара да повярвам истински, че съм получил Божието слово. До този момент, аз бях поискал 12 вида дарби, включително Деветте Дарби на Святия Дух, написани в 1 Коринтяни, глава 12, както и дарбата да имам видения, дарбата за Божествена оценка и дарбата за любов.

Какво е пророчеството?

Библията ни учи на различни методи да чуваме Божия глас. Можем да чуваме гласа на самия Бог или гласа на Святия Дух. Друг път Господ ни говори чрез някой ангел, придобил човешки облик. Господ говори с нас също и чрез пророчества.

"Господната ръка биде върху мене та ме заведе чрез Господния Дух и ме постави всред поле, което бе пълно с кости. И преведе ме край тях наоколо; и, ето, имаше твърде много по отвореното поле; и, ето бяха твърде сухи. И рече ми: Сине човешки, могат ли да оживеят тия кости? И отговорих: Господи Иеова Ти знаеш. Пак ми рече: Пророкувай над тия кости и речи им: Сухи кости, слушайте Господното слово. Така казва Господ Иеова на тия кости: Ето, ще направя да влезе във вас дух та ще оживеете; Ще туря и жили върху вас, ще ви облека с меса и ще ви покрия с кожа, и като туря дух у вас ще оживеете; и ще познаете, че аз съм Господ. И тъй, пророкувах както ми бе заповядано; и като пророкувах започна да гърми, и ето трус, и костите се събираха, кост с костта си" (Езекил 37:1-7).

"Защото духът на пророчеството е да свидетелстваме за Исуса" (Откровение 19:10).

Пророчество е, когато говориш за някой друг. Някои от пророците говорят от името на хората, а други говорят от името на Бога. . .

В Езекиел, глава 37, можем да видим, че Божият Дух

е бил с Езекиел и е говорил чрез неговите уста. Тъй като Господ е говорил чрез устата на човека, изреченията са в повелително наклонение. Пророчеството не е извършено от човек, а от Божествен Дух и по-точно от Святия Дух. Святият Дух върши своята работа в хармония с хората, за да реализира Божията воля и това, което казва е истина, призната и гарантирана от Бога. Какво означава тогава пророческият дух?

Когато говориш истината чрез Святия Дух, ти свидетелстваш пред Христос, а Той самият е истината. Когато духът на Христос е потвърден чрез човека, който казва истината чрез Святия Дух, тогава този човек пророкува. Това е духът на пророчеството. Така, както пророк Езекиел се подчинява на Божието слово и предсказва - ако има човек, който може да предрича Божието слово, ще получим много откровения.

Можем да видим, че Христос иска да получим разкрития според това, което е казал на Матей 11:27, *"Всичко Ми е предадено от Отца Ми и освен Отца, никой не познава Сина, нито познава някой Отца, освен Синът и оня, комуто Синът би благоволил да Го открие"*. Освен това, апостол Пол казва в 2 Коринтяни 12:1, *"Принуден съм да се хваля, при все че не е за полза, но сега ще дойда до видения и откровения от Господа"*.

Ако можем да получим откровенията на Господ като апостол Пол, ще разберем ясно Бог и нещата, които предстоят да се случат. Само когато знаем какво ще се случи в бъдеще, само тогава можем да се подготвим за Неговото завръщане.

Получаване на отговора за откриването на църквата

Те искат да те изгонят

По време на приготовленията за откриването на църквата, направихме няколко молитвени служби. На изцерителната служба в дома на дякона Ейджа Ан беше претъпкано от народ. Втората молитвена служба беше проведена в моя магазин. Един човек със счупена ръка и гипсова превръзка, беше излекуван и захвърли гипса. Една жена, която не можеше да зачене дойде и получи молитва. Скоро след това чух, че била забременяла. Третата служба беше проведена на едно място в планината. На нея присъстваха повече от 40 човека. Някои от тях бяха студенти от духовната семинария и пастори. Имаше една жена, претърпяла операция на гръбнака, но чийто проблеми се бяха повторили.

Казваха, че положението й е много рисковано, но

въпреки това, тя искаше да присъства на службата. Един от членовете на църквата успя да я изкачи в планината и аз се молих за нея по време на молитвената сесия. Тя се излекува напълно още горе в планината и слезе сама!

Четвъртата молитвена служба също беше проведена в планината и на нея присъстваха много студенти от духовната семинария. Думите на Бога ни заляха:

"След тази служба, ще бъдете подложени на изпитание. Но не се тревожете, просто вярвайте в Мен и се молете. Ще ви се отплатя с благословии."

Скоро бях подложен на изпитание. През юни, 1982 година, аз се явих на последните изпити за семестъра и се върнах вкъщи. Един учител измина целия път до вкъщи, а знаех, че обикновено никой не прави това. Той ми каза следното: "Бил съм в много планини за молитви и съм се молил много. Затова познавам и някои неща от духовния свят. Ти имаш духовно проникновение и аз знам, че ти си благословен с много духовни дарби. Тъй като ти предстои да откриеш нова църква, дяволът враг и Сатаната ще възстанат срещу теб. Пасторе, мисля, че е по-добре да не продължаваш плана си за откриване на църквата. Днес имахме учителско събрание и учителите искат да те изгонят. Знам, че не си такъв човек, но..."

Делата на дявола осуетяват откриването на църквата

Изслушах неговите подробни обяснения и разбрах, че

не само моят учител, но и пасторът на моята църква имаха погрешно мнение за мен. Те ме попитаха: "Пасторе, казал ли си по време на молитвените служби в планината, че ти си Христос? Взимал ли си с теб жена и позволявал ли си й да положи ръце върху другите пастори?"

"Никога не съм казвал, че аз съм Христос и никога не съм позволявал на някоя жена да слага ръцете си върху други пастори."

Бяха извършени много изцерения по време на моите молитвени служби и един завистлив колега изпрати доклад до учителя ми с фалшиви обвинения включително: "Делата на пастора Джейрок Лий предизвикват раздор и разкол. Той казва, че е Христос."

Напълно фалшивите слухове се разпространяваха бързо. Нещо повече, учителите, които ме бяха обучавали четири години, решиха да ме изключат единствено на основата на тези слухове без дори да ме изслушат. Въпреки това, аз не посетих никого и не говорих с никого, за да го увещавам в моята невинност. Чувствах, че това беше трудна ситуация, но когато се молих на Бога, Той ми каза да благодаря, да се радвам и да се моля за тези хора с любов.

През септември започна новият семестър. Отидох на училище и чух моите колеги да ме обсъждат. Разбрах, че колегата, който ме беше обвинил не е записал семестъра, за да се разкае. Посетих го и го увещавах да се запише, защото за мен между нас нямаше несъгласие или лоши чувства. Господ вършеше така нещата, че всички проблеми се разрешаваха гладко. Дори този, който направи фалшиви обвинения срещу мен, беше изобличен. След като открих църквата и направих встъпителната служба, дойдоха моите учители, включително онези, които ме бяха разбрали погрешно и празнувахме заедно. По време на завършването на семинарията, в моята църква организирахме благодарствено тържество за учителите.

Беше получен отговор, "Манмин Църква на Всички Сътворения"

Тък като постъпих в семинарията в сравнително напреднала възраст, аз исках да открия църквата бързо. Не бях в първа младост и още от първи курс се молих за име на църквата, но безрезултатно. Отговорът дойде малко преди откриването на църквата.

"Наречи я „Църква Манмин". Когато му дойде времето и тръгнеш на поклонение, тогава ще разбереш защо съм ти дал това име, „Манмин"."

По-късно през 1989 година, отидох на поклонение на Свещената Земя. В Гециманската градина, Христос се е молил докато потта Му се превърнала в капки кръв, падащи на земята, за да изпълни провидението на кръста и за да спаси всички хора и народи. На това място видях „Църквата на всички народи", изпълнен с толкова велики чувства. Господ е изпратил Исус Христос като изкупителна жертва, за да спаси всички хора и всички народи. Той иска да изпълним Неговото провидение през последните дни и световната мисия със светото евангелие. Даде ни името „Манмин", което означава „Всички творения".

В началото на църквата, ние я нарекохме „Църква Манмин", но тъй като очаквахме да открием и други църкви към нея, променихме името на „Манмин Джуунг-анг (Централна) Църква."

Защо искаш да го направиш по трудния начин?

"Пасторе, защо искаш да откриеш църква? Знаеш ли колко е трудно да започнеш една църква?" "Трябва да ядеш само каша в продължение на много години. Не искаш ли твоите деца да получат образование? Знаеш ли колко е трудно в днешно време да събереш вярващите?" Съветите продължаваха: "Знаеш ли също така колко непокорни са вярващите в днешно време? Нека просто работим заедно в тази църква." "Пасторе, отвориш ли веднъж църквата, ще проливаш много сълзи."

Докато планирах да открия църквата, много хора се опитваха да ме спрат. В интерес на истината, същите проблеми имаха и други нови църкви. Някои пастори отварят нови църкви като взимат заеми за строителството и изграждането. Когато църквата не се разрасне според очакванията, страдат от неплатени дългове и доста от тях се скитат отчаяни и нещастни. Аз вярвах във всемогъщия Бог и сърцето ми не се колебаеше. Не исках да противореча безочливо на тези, които ме съветваха, защото не исках да ги разстройвам. Отговарях сам на себе си. "Когато отворя църквата, тя ще бъде успешна и няма да има никакви проблеми. Ще спася много души и църквата бързо ще се разрасне. Тогава щедро ще възхвалявам Бог."

Разчитах на Божието слово във Филипяни 4:13, "За всичко имам сила чрез Онзи, Който ме подкрепява", в Матей 9:29, където пише, че нещата ще бъдат направени според вярата и в Матей 13:8, където пише, че когато посеем, Господ ни обещава, че ще ни се отплати 30, 60, или 100 пъти повече, отколкото сме посяли. Ако погледнем обичните служители на Бога, защото Господ беше с тях, Моисей и апостол Пол изглеждаха като Богове за хората (Изход 7:1; Деяния 14:11).

Ако Господ е с нас, няма нищо невъзможно. Вярвах го. Вярвах, че като Негов служител, ако се концентрирах върху Словото, ако се молих и следвах Неговата воля, Господ ще ми отговори и ще се погрижи за всички финансови въпроси, за мястото и служителите на църквата. Вярвах, че мога да направя всичко за Него. Той ми даде сила и ми изпрати видения. Изповядах се с подробности за видението и за съня, който имах.

Подчинявах се на заповедите на Святия Дух

През май, 1982 година, Господ ми каза, че през деня ще отворя църква и ме заведе до Шиндейбанг в областта Донгджак, Сеул. Никога преди това не бях чувал за това място. Не познавах района и разпитвах много хора как да стигна до там. Областта тогава не беше особено развита, нямаше много сгради, нито автомобилно движение. Намерих едно свободно място с площ около 900 квадратни фута. Месечният наем беше 150,000 вона (150 долара) и изискваха 3 милиона вона (3,000 долара) като гаранция.

Срещнах се със собственика, за да подпиша договора и той намали наема на 120,000 вона.

Господ приготви парите за откриването на църквата

Господ ни даде парите, необходими за откриването на църквата чрез дякона Ейджа Ан. Обикновено тя се молеше по пет часа на ден. Синът й беше пострадал в автомобилна катастрофа и беше получила три милиона вона обезщетение, които реши да предложи на Господ като дарение за строителството на църквата. Невярващият й съпруг похарчи тези пари за други цели и тя остана с това бреме в сърцето си. Не забравяше, че все трябваше да даде 3 милиона вона за строителството. Междувременно, тя се запозна с моето семейство и се присъедини към мен, когато открих църквата.

Фабриката за мебели на съпруга й не вървеше добре и къщата й беше ипотекирана. Ако не можеха да изплатят заема, къщата им щеше да бъде продадена на много ниска цена. И така, те я обявиха за продажба за цената от 20 милиона вона (20,000 долара), но никой не прояви интерес да я види. Понижиха цената до 15 милиона вона, но отново никой не искаше да я купи. Междувременно дяконът Ейджа Ан чу Божието Слово на молитвената служба в планината Самгак:

"Направи тридневни пости и вдигни цената на твоята къща. Повиши цената толкова, колкото е вярата ти и аз ще направя нещо. Използвай 3 милиона от повишената

цена за откриването на църквата."

Те увеличиха цената на къщата за продажба, но няколко години подред никой не прояви желание да я види. Решиха, че ако повишат цената, служителите от агенцията за недвижими имоти ще им се присмеят. Дяконът Ейджа Ан обмисли добре нещата и накрая добави 3 милиона вона към цената, която стана общо 18 милиона вона. От агенцията останаха без думи.

На връщане от агенцията, един човек я последва и разгледа къщата. Каза й, че била идеална за него и подписа договора за 18 милиона вона. Дяконът съжаляваше, че не показа повече вяра и не продаде къщата за 20 милиона вона. Господ й помогна да спечели от сградата, която не можеше да се продаде с години. Сега тя можеше да изплати заема на семейството си и предложи 3 милиона вона за откриване на църквата.

Разкаях се от все сърце затова че разчитах на хората

Докато се подготвях за откриването на църквата, аз очаквах поне 40 човека да бъдат около мен и да ме подкрепят. Надявах се, че ще дойдат за откриването, защото ме познаваха добре и ме обичаха, но действителността беше друга. На 25 юли, 1982 година, на първата служба по случай откриването, противно на очакванията, не се появи никой от хората, които очаквах да дойдат. Срещнах моите добри сестри, които бяха обещали да дойдат и не присъстваха на службата по откриването и разбрах, че Господ ги е спрял.

Той не искаше да разчитам на никого от своите близки. Аз се молих: "Господи, благодаря ти, че ми даде да разбера, че съм склонен да се осланям на моите близки. Моля те, прости ми затова, че се опитвах да разчитам на хората. Сега разбрах каква е твоята воля. Няма да разчитам на никой друг човек, а само на Теб Боже и ще правя всичко чрез молитви."

След службата по откриването, разбрах, че все още имам желанието да разчитам на хората и се разкаях напълно пред Бог. Молих се на Господ да изпрати църковни членове и всяка седмица църквата се пълнеше с вярващи, изпратени от Бога.

Да започнеш от нищо

Девет възрастни и четири деца

Когато извършихме първата служба, сградата все още не беше завършена. Нямаше стъкла на прозорците, нямаше амвон и подът не беше покрит с дъски. Беше като пуста земя. С помощта на една завеса разделихме пространството на две. Едната половина използвахме за жилище на моето семейство, а другата половина използвахме за църква и стая за молитви. Като включим членовете на моето семейство, на службата по откриването имаше 9 възрастни и четири деца. С изключение, на семейството ми, имаше малцина други посетители. Проповядвах посланието: "Вярата е най-ценното съкровище". Историята на Църквата Манмин Джуунг-анг започна от нищо. Тъкмо я бяхме открили, нямахме пари, а имахме много разходи, но никога не взех назаем от моите близки или от някой друг. Молих се единствено на Бог. Бях готов дори да постя ако Господ не ме подкрепяше. Когато нямахме нищо за ядене, Господ успяваше по някакън начин да ни намери храна. Можех дори да ям дини през лятото, които харесвам много.

Молихме се заедно по 5-6 часа на ден

След службата по откриването, седмичните дарения бяха около 30 до 40 000 вона, но с тези пари, аз не можех дори да платя месечния наем за църквата. Четири или пет църковни привърженици се събраха заедно и се молиха по 5-6 часа на ден, потейки се в горещината. Нямаше членове на църквата, за които да се налага да ги посещавам и да се грижа. Молихме се в стаите за молитви и бяхме плувнали в пот. Еремия 33:3 казва: *"Извикай към мене и ще ти отговоря, и ще ти покажа велики и тайни неща, Които не знаеш"*. Докато викахме на глас в молитвите си, Той ни изпрати вярващи и ни осигури нещата, необходими за църквата.

"Господи, дай ни микрофон"

След като се молихме цяла седмица, получихме микрофон. На следващата седмица имахме нужда от телефон, молихме се за него и го получихме. По онова време нямаше много членове на църквата и Господ вършеше делата си чрез петъчната вечерна служба. Други привърженици, които посещаваха петъчната вечерна служба, получиха повече благословии и един по един, те предлагаха полезни неща. По този начин получихме завеси, амвон, електричесли вентилатори и дори камбанария с кръст. Два месеца след откриването на църквата, бяхме осигурени с всичко, от което се нуждаехме.

В книгата с деянията се казва, че служителите на Бога трябва да се концентрират върху словото и молитвата. По тази причина, аз оставих поддръжката и всичко, свързано с църквата на нейните членове, а аз самият се концентрирах върху Божието слово и молитвите. По онова време не познавах много добре Божието слово, но това, което разбирах от Божията воля, аз проповядвах на службата в петък вечер, както и на неделните служби, вдъхновен от Святия Дух.

Въпреки, че нямах големи ораторски умения, слушателите се зареждаха с живот и вяра от моите проповеди, защото те представляваха чисти и духовни послания. Святото писание бе придружено винаги от дела и събития, които го следваха. Когато членовете упражняваха словото, тяхната вяра растеше и започнаха да получават отговори на своите молитви. От откриването на църквата, Господ не спираше всяка седмица да ни изпраща вярващи и те увеличаваха вярата си чрез посланията. Когато виждаха Божиите чудеса на петъчните вечерни служби, те получаваха Божията благословия и вярата им растеше.

Намиране на отговорите в Библията

Тъй като най-ранните църкви бяха издигнати от апостолите, които бяха преки ученици на Христос, те спазваха Божията воля и Господ беше доволен от тях. Господ присъединяваше към църквата онези, които били спасени. Ранните църкви станаха мой образец и модел на подражание, който да следвам до Божието завръщане. Църквата, която Господ харесва най-много не е църквата, която е прекалено голяма или има много привърженици. Това е църквата, която прилича на най-ранните църкви. Когато следваме примера на първите църкви, които спазват Божията воля, Господ ни дава благословията си да имаме постоянна служба в църквата.

"И страх обзе всяка душа и много чудеса и знамения ставаха чрез апостолите. И всичките вярващи бяха заедно, и имаха всичко общо. И продаваха стоката и имота си и разпределяха парите на всички, според нуждата на всекиго. И всеки ден прекарваха единодушно в храма, и разчупваха хляб по къщите си, и приемаха храна с радост и простосърдечие, като хвалеха Бога и печелеха благоволението на всичките люде. А Господ всеки ден прибавяше на църквата ония, които се спасяваха". (Деяния 2:43-47)

Като подражаваме на примера на най-ранните църкви, чийто членове се опитвали да се събират в светата обител всеки ден, ние извършваме ежедневни молитви и разпространяваме Божието слово, поемаме хляба на любовта, а именно Светото писание (Йоан 6:48) и го реализираме на практика. Господ беше с нас, показваше ни Своите чудеса и знамения и тъй като всяка седмица се регистрираха нови членове, църквата се разрастваше много бързо.

Да разчиташ единствено на словото

След откриването на църквата, трябваше да спестяваме всяко пени. Но аз знаех, че тайната в получаването на благословии е описана в писанието на Лука 6:38, *"Давайте и ще ви се дава, добра мярка, натъпкана, стърсена, препълнена ще ви дават в пазухата, защото с каквато мярка мерите, с такава ще ви се отмерва".* Опитвах се да помогна на нуждаещите се като разчитах на словото.

По онова време в нашата църква имахме десет студенти от духовната семинария и трябваше да им помагаме. Не беше лесно да платим дори наема за църквата, който беше 120,000 вона (120 долара). Няколко дни след откриването на църквата, бяхме получили дарения и с вярата, с която Господ щеше да ни благослови, ние взехме една част от даренията и ги изпратихме на други нови църкви от същото вероизповедание. След първата служба по откриването, всеки член направи обет да даде един милион вона (1,000 долара) за строителство на академията към нашето вероизповедание. Като правехме най-доброто, на което бяхме способни, ние се превърнахме в църква, която помагаше на другите и разчиташе на словото.

Когато открих църквата, аз потърсих от Библията образец, на който да подражавам и това беше една ранна църква от Книгата Деяния.

Докато не видите знаменията и чудесата, вие просто няма да повярвате

Службата по откриването

Когато се молих на службата по откриването, Господ ми каза следното: "Трябва да извършиш първата служба, когато узрее реколтата, преди първите студове." И така, на десети октомври, 1982 година, ние извършихме службата по откриването и вече имахме повече от сто члена. След откриването, Господ ни изпрати много членове и светата обител стана прекалено малка. По време на службата в петък вечер, дойдоха повече от сто човека в едно пространство едва от 540 квадратни фута, така че имаше хора в отделенията за молитви или стоящи на стълбите. По тази причина след първата служба, ние наехме и мазето.

Когато се молих за Коледните празници, Господ ни изпрати много талантливи хора, за да подготвим Библейската сцена и да имаме хубаво тържество. Господ

Учредителна служба

ни изпрати човек, който имаше особена дарба за украса с цветя и една актриса, която беше също така и прекрасна танцьорка. Тя преподаваше танци в Неделното училище. Скоро членовете можеха и сами да се подготвят за празниците. По онова време, трябваше да извършвам повече от десет проповеди на седмица за различни служби, включително литургиите при изгрев слънце. Трябваше да посещавам също и семинарията, тъй като още не я бях завършил. Всеки ден имахме и вечерни молитви и в четири часа сутринта извършвах сутрешната молитва. Мълвата за извършените изцеления се разпространи и от цялата страна идваха болни. Аз се молих за всички тях по няколко пъти на ден.

Промяна в семейството

Господин Янгсук Ким, преди да опознае Христос, имаше навика да пие много. Когато кашлицата му стана постоянна, постъпи в болницата. Диагнозата беше туберколоза на лимфната система. Нуждаеше се от операция и от едногодишна почивка, но не можеше да си го позволи.

Съпругата му страдаше от възпаление на пикочния мехур след раждането. Толкова беше обезсърчена, че направила опит за самоубийство, но лекарите я спасили и за щастие оцеляла. През октомври, 1982 година, Янгсук Ким чул новините за нашата църква и се записал в нея. Той дал обет за 10 дневни пости и молитва в ранни зори. Имаше висока температура и силна кашлица. Когато видял да оздравяват толкова много болни хора, той също повярвал, че може да бъде изцелен и аз често се молих за него. На десетия ден, температурата спадна и кашлицата спря. Лекарите му казаха, че ще може да се излекува и му поставиха друга диагноза. Казаха му, че вече няма туберколоза. Бил напълно изцелен чрез огъня на Святия Дух. Малко след това, съпругата му също се регистрирала в църквата и скоро била излекувана от възпалението на покочния мехур. Дъщеря им също станала здрава. Янгсук Ким започна да учи теология с благодарности за Божията благословия. В момента управлява като пастор.

Петъчните вечерни служби с чудеса и знамения от Библията

На петъчнаха вечерна служба беше претъпкано с хора,

дошли от всички краища на страната. Тя се превърна в служба на обединените вероизповедания. Ниската света обител беше препълнена от хора. Топлината на Святия Дух беше така гореща, че таванът се покриваше с водни капки. Когато посетителите страстно възхваляваха Бог и се молиха за Него, службата, която започваше в 11 часа вечерта, продължаваше до 6 часа сутринта. Хората бяха свидетели на изцелението на много болни, които се изправяха, прохождаха и подскачаха на петъчната служба и това привличаше все повече и повече посетители.

Обявените от лекарите за неизличимо болни бяха излекувани веднага след влизането им в църквата, а тези които носиха патерици, започваха да ходят и да подскачат. Слепият започваше да вижда, немият започваше да говори и жените, които не можеха да имат деца, забременяваха. Имаше един човек със счупена ръка, който започна да я движи свободно след като получи молитва.

Излекуван пациент от левкемия

При мен дойде една жена с пребледняло лице и поиска молитва. Нейният лекар й давал само 15 дена живот и ще опиша историята й. Още от ранни години, тя била Християнка в Неделното училище, но по-късно получила предложение за брак от един мъж, който не бил вярващ. Отговорила му, че можела да се омъжи единствено за вярващ човек и той се записал в една църква, която ходил да посещава известно време.

Жената се надявала, че съпругът й ще води добър Християнски живот, но след няколко месеца, нейната свекърва я принудила да вярва в Буда: "Нашето семейство сме Будисти от много поколения и затова и ти също трябва да станеш Будистка." Тя не послушала свекърва си и съпругът й забранил да посещава църквата, биел я и я преследвал. Тя била виновна за всички проблеми в семейството.

Много пъти я изхвърляли от дома й и тя търпяла. Когато съпругът й започнал връзка с друга жена, не можела да го понесе и престанала да ходи на църква. Знаела, че трябвало да посещава църквата, но била отчаяна и накрая се разболяла от левкемия.

Въпреки че повече не посещавала църква, съпругът й продължавал да има връзка и да я бие.

Макар и да страдала от левкемия, нейният съпруг и свекърва й се държали студено с нея и не я завели в болницата.

Когато лекарите й дали окончателна диагноза със смъртоносен завършек, тя чула новините за нашата църква и дойде да получи молитвата ми с последна надежда в Бога. Господ я излекува. След известно време дойде да ме види с розово от здраве лице, благодари ми и се прибра вкъщи.

Два различни вида знамения

Христос излекувал болните и съживил мъртвите. Докато бил водач, Той показал различни знамения. Казал е: *"Ако не видите знамения и чудеса никак няма да повярвате"*. (Йоан 4:48). Чудото е Божие дело, което предизвиква или причинява рязка промяна в атмосферните условия.

По времето на Джошуа, имало битка в Гаваон и слънцето застанало всред небето (Исус Навиев 10:13). По времето на Исаия, сянката на слънцето се върнала десет стъпала надире (4 Царе 20:11), и тримата мъдреци отишли във Витлеем, за да видят как се движи звездата (Матей 2).

Знаменията са дела на Бога, които оставят видими следи и доказателства. Когато става въпрос за знамения, Бащата Господ играе основната роля. Такива са случаите на знаменията в Стария Завет и в Откровение 15:1. *"И видях на небето друго знамение голямо и чудно: седем ангела, които държаха седем язви, които са последните, защото с тях се изчерпва Божият гняв"*. Марко 13:22 казва: *"Защото ще се появят лъжехристи и лъжепророци, които ще покажат знамения и чудеса, за да подмамят, ако е възможно и избраните"*. Написано е „ако е възможно", за да се изтъкне, че действието всъщност е невъзможно в реалността, а именно, че фалшивите пророци нямат силата да изпълняват знамения, но „ако е възможно" ще се опитат да го направят, за да измамят хората, дори и богоизбраните. Примери за знаменията на Бащата Бог са Десетте Наказания в Египет (Второзаконие 6:22) и пламъкът, издигащ се до небето (Съдии 13:19-20). *"Тогава Маное взе ярето и хлебния принос та ги принесе Господу на камъка и като гледаха Маное и жена му, ангелът постъпваше чудно; защото, когато се издигаше пламъкът от олтара към небето, то и ангелът Господе се издигна в пламъка на олтара, а Маное и жена му, като гледаха, паднаха с лице на земята"*.

Има друг вид знамения, когато Господ и Святият Дух играят основната роля заедно, за да оставят някаква следа. Повечето от тях се намират в Новия Завет. Примери за знаменията на Христос са, когато обръща водата във вино, лекува болните и съживява мъртвите; прави слепият да вижда, глухият да чува и немият да говори. Тези знамения са за неща, които хората не могат да направят (Йоан 6:2). *"И подир Него вървеше едно голямо множество, защото гледаха знаменията, които вършеше над болните"*. След като проповядва Божието слово, Христос изпълнява знамения, за да може техните свидетели да повярват, че словото Божие е абсолютна истина. Разбира се, благословията е по-голяма, когато се вярва без да се търсят доказателствата, но не е лесно да изпитваш истинска вяра без да виждаш. Тъй като греховете преобладавт, сърцата на хората стават недоверчиви и за тях е още по-трудно да вярват истински. В днешно време, за да се проповядва евангелието и за да се спасят душите, чудесата и знаменията имат повече резултат и са по-внушителни.

Тези знамения ще съпровождат хората, които са повярвали

Някои вярващи не вярват или по-скоро намират за странно, когато казваме, че знаменията, описани в Библията, се случват и в днешно време. Други хора може да се усъмнят и да помислят: "Аз се молих с вяра и защо тогава не се изпълни Божието дело?"

Но Христос е казал точно: *"И тия знамения ще придружават повярвалите: в Мое име бесове ще изгонват, нови езици ще говорят, змии ще хващат, а ако изпият нещо смъртоносно, то никак няма да ги повреди; на болни ще възлагат ръце, и те ще оздравяват"* (Марко

16:17-18). „Повярвалите" тук означава онези хора, които имат съвършена духовна вяра. В Римляни 12:3 има мярка за вярата. Така, както семето се нуждае от време, за да покълне, за да порасне, да разцъфти и да даде плод, посеем ли веднъж у нас зърното на вярата, според своите грижи за него, вярата ще поеме различна посока. Ето защо, мярката на всеки един от нас за вярата е различна. В зависимост от това доколко упражняваме словото Божие и нашите сърца стават по-истински, Господ ни дарява с духовна небесна любов *"Нека пристъпваме с искрено сърце в пълна вяра, със сърца очистени от лукава съвест и с тяло измито в чиста вода".* (Евреи 10:22). Следователно, ако израснем дотолкова, че да имаме съвършена вяра, която прилича на сърцето на Христос, тези знамения ще ни съпровождат.

По-точно казано, ще изгоним демоните в името на Исус Христос и ще говорим на нови езици. „Змии ще хващат" в духовен смисъл означава, че ще разрушават стореното от Сатаната с помощта на Божието слово. Също така онези, които са достигнали нивото на съвършена вяра, няма да бъдат повлияни от никакви болести или зарази и дори и несъзнателно да погълнат напитка с отрова, няма да ги нарани, защото Господ ще изгори отровата с огъня на Святия Дух. Такъв е случаят, когато апостол Пол е ухапан от отровна змия на остров Малта : *"Но той тръсна змията в огъня и не почувства никакво зло"* (Деяния 28:5). Ако знаете, че това е отрова и подлагате на изпитание Бог, Господ няма да ви защити. Когато имаме съвършена вяра, можем да покажем изцерителните дела на Господ, когато се молим дори и за нелечими болести.

Какво означава „Нови езици?

Какво означава тук „Нови езици"? Умението да говорим на други езици е дарба на Святия Дух, която Господ иска да получат всички Негови деца (1 Коринтяни 14:5). Обикновено се молим на Господ на нашия език. Това е молба от все сърце. Но понякога се молим на други езици, какъвто е духовният език (1 Коринтяни 14:15).

Когато осъзнаем, че сме грешници, когато се покаем и когато приемем Христос в сърцето си, Господ ни дава Святия Дух като дарение и в много случаи Той ни дава дарбата да говорим на други езици, която е една от дарбите на Святия Дух. Когато приемаме Святия Дух, духът, който е бил умрял поради първичния грях на Адам се съживява. Ако получим дарбата да говорим на други езици, този дух сам се моли на Бога. Затова като Християни, ако получим дарбата да говорим на други езици и се молим, ще получим повече сила в молитвата и душата ни ще израства успешно.

Тъй като бях млад вярващ, аз се молих от цяло сърце по време на вечерните молитви и когато започнах да се моля духовно, а именно на други езици, преминавайки от един език на друг по време на молитвата, аз започнах да пея на други езици, вдъхновен от Святия Дух. Когато пеех страстно хвалебствени песни, понякога вдигах нагоре ръце несъзнателно и танцувах. Така постигах по-задълбочено ниво на молитвата и можех да говоря на нови езици. Да говориш на чужди езици представлява могъща молитва.

Когато заповядвах от името на Исус Христос

Не трябва да подлагаме на изпитания дори растенията

Колко успокояващо е, че удивителните дела на Господ, които Христос показва на тази земя преди около 2,000 години, се случват по същия начин за всеки, който се моли с вяра! Тъй като бях млад вярващ, който не знаеше много за Божието слово, аз бях натрупал безброй молитви, които да ми позволят да покажа всички могъщи дела на Господ, извършени от пророците и от апостолите. По времето, когато църквата се откриваше, вече се случваха знаменията, които придружаваха вярващите.

Веднага след откриването на църквата през 1982 година, имахме около тридесет до четиридесет хиляди вона (30 – 40 долара) под формата на седмични дарения. Искахме да украсим олтара с цветя, но нито разполагахме с човек, който да го направи, нито имахме достатъчно пари, за да купим цветя. През август, някой донесе саксия с малко дръвче с много листа. Въпреки че нямахме цветя, имахме тази саксия и тя беше прекрасна. След около две седмици, листата пожълтяха и дръвчето започна да умира. Беше ми мъчно за хубавото растение. Ако Господ може да съживи мъртъв човек, ще ми даде ли отговор ако аз се помоля за това дърво? С тази мисъл в главата си, аз сложих ръката си върху растението и се помолих: "Съживи се в името на Исус Христос!"

На следващия ден, когато влязох в църквата, за да проведа сутрешната молитва, пожълтелите листа отново бяха зелени. На по-следващия ден, дръвчето се беше съживило напълно с нови зелени листенца. Членовете на църквата, които видяха това заедно с мен, започнахме да ликуваме и да благодарим на Бог. Много бях щастлив и доволен след като станах свидетел на съживяването на умиращото дръвче. През септември, в църквата донесоха една саксия с хризантеми. Наблюдавайки красивите цветя, исках да проверя дали ще умрат ако се помоля за това. Когато Христос проклел смокиновото дърво, то изсъхнало. Тогава, ако се моля и ако заповядам тази хризантема да умре, няма ли да изсъхне?

Молих се и заповядах на хризантемата да умре, просто от любопитство, за да видя какво ще стане, но сърцето ми беше изпълнено с тягостно чувство. Когато се молих онази вечер, чух гласа на Господ да ме укорява силно, въпреки че никой не ме беше видял да проклинам цветето.

"Служителю мой, дори растението има живот и

е съждадено от Бога, как можеш да го проклинаш? На изпитание ли ме подлагаш? Служителъо мой, ти си дявол. Покай се. Не може просто да благославяш или да проклинаш, когато поискаш. Трябва да правиш това само тогава, когато Святият Дух трогне сърцето ти."

Толкова бях изненадан, че се изпотих. Започнах веднага три дневни пости и се покаях напълно. От тогава, дори и когато ставаше въпрос за хора, които ме преследваха, клеветяха или проклинаха, аз нито изпитвах омраза към тях, нито се молих с омраза срещу тях. Както казва Божието слово, аз се молих за тези, които ме преследват и ги благославях с любов.

Задължението на Световната мисия

"Извикай към Мене и ще ти отговоря, И ще ти покажа велики и тайни неща, Които не знаеш". (Еремия 33:3). Придържайки се към този стих, аз извърших много молитви към Бога като Яаков на реката Ябок. Тъй като виках в молитвите си, Господ изпълняваше волята Си. Бях способен да чуя Божия глас и от време на време, бях способен да видя велики и могъщи неща. Понякога Господ ми казваше какво ще се случи в страната или ме уведомяваше за бъдещи събития по света. По времето, когато открихме нашата църква, Господ ни даде да разберем, че с нейна помощ ще изпълним световната мисия и ще построим Неговата света обител.

Тъй като бях извикан за Негов служител, аз се молих

да проповядвам евангелието на всички народи и да спася много души. Господ ме натовари със задължението да изпълня Световната мисия и каза следното: *"Ще прекосяваш планини и реки и ще изпълняваш чудеса и знамения."* Освен това, Той ми повери задачата да проповядвам евангелието на избраните хора от Израел през последните дни. Показа ми, че евангелието ще се завърне в родната си земя и дори евреите, които не приемат Христос като свой Спасител, ще се разкаят.

Видение за строителството на Великата Света Обител

Веднага след откриването на църквата, в петък вечер ние започнахме да провеждаме вечерни изцерителни служби и Господ дари един от членовете с видения. Аз лично проверявах дали изпратените дарби наистина са от Бог. Господ ни дарява с даровете на Святия Дух, защото те са от полза за нас, но понякога хората получават сатанински послания и имат изключително странни видения. Ето защо трябва да умеем да различаваме правилно привиденията.

През септември, 1982 година, Господ изпрати видение на 17 члена, свързани със святата обител, която щяхме да построим. Един човек беше видял покрива, друг видя как ще изглежда църквата отвътре, друг човек видя задната част, а четвъртият видя красивите мраморни колони. Централната част на тавана се отваряше под формата на кръст, за да влиза слънчева светлина. Амвонът на Светата обител беше разположен в центъра на църквата и се въртеше бавно. Един от членовете ме беше видял да проповядвам и църквата била препълнена от хора.

Анализирахме заедно всички видения, консултирахме се с експерт и съставихме картина на църквата. Днес все още пазим тази картина на Светата обител, отразена на първа страница на седмичния ни бюлетин. За да реализираме съня, който Господ ни изпрати в началото на нашата църква, ние не спирахме да се молим с вяра.

Господ ни обясни защо Светата обител за възвеличаване на Господ не може да бъде построена единствено с пари. Той иска Неговата Светиня да бъде построена с Неговите деца, които страстно Го обичат, които са пречистили сърцата си и са станали благочестиви.

Първа църковна служба в родния град

През февруари, 1983 година, аз извърших първата литургия в моя роден град. Това се случи в една църква в град Хедже, в областта Муан на Чола Нам-До, но самите членове на църквата не присъстваха и вместо тях, имаше други хора от местността.

Историята им беше жалка. Една църква от различно вероизповедание изкушаваше членовете на църквата с пари и повечето бяха склонни да се преместят при нея. Пасторът извършваше тази литургия, за да задържи членовете и да не се преместят, но те не искаха да сътрудничат и дори не присъстваха, защото пасторът не бе поканил някой известен проповедник, а един неизвестен и все още не ръкоположен пастор с името Джейрок Лий.

Господ показа големи чудеса още от първата служба. Една жена, която вече десет години не можеше да ходи и да спи поради остри болки в костите, чу посланието и възвърна вярата си. С помощта на молитвата тя се изправи, проходи и започна да скача. Много скоро новините за нейното изцерение бяха разпространени из околните села и в църквата започнаха да идват пастори и привърженици от райони, разположени на 18 мили разстояние. Църковната служба продължаваше да се провежда с много хора, които пристигаха от различни места.

Имаше една възрастна жена, чийто гръбнак беше приведен под 90 градуса. Тя беше принудена винаги да върви с глава, наведена към земята. Тъй като бях оратор, тази възрастна жена ми поднасяше топли напитки за сутрешните молитви, през деня и по време на вечерните служби, дори и когато времето беше студено. В интерес на истината, нейната напитка не ми харесваше, но я изпивах и ѝ благодарях за усилието. На последния ден от изцерителната служба, гърбът ѝ беше напълно изправен. Освен нея, много други хора изпитваха лечебните способности на Бог и Му благодаряха. Едва тогава членовете на църквата разбраха за великите Му дела на осъзнаха, че не са били прави. Те се разкаяха пред своя пастор и присъстваха редовно на следващите служби.

Заповядвах на въглеродния окис в името на Исус Христос

По онова време за отопление в повечето домове се

използваха големи количества дървени въглища и през зимния сезон често ставаха инциденти. Всеки ден чувахме новини за хората, станали жертва или постъпили в болница поради натравяне с газ. На 12 февруари, 1983 година, провеждахме петъчната вечерна служба в нощта срещу Лунната Нова Година. По това време мазето на сградата служеше за мое жилище със спални, всекидневна, портиерна и офиси.

Преди да започне петъчната вечерна служба, един млад човек, наречен Сук-ки Парк решил, че по случай празниците за Лунната Нова Година, можеше да не посещава Неделната служба, а да се събере с приятели. Доспало му се и му се приискало да дремне малко преди да се върне на службата. Слязъл долу в мазето, където беше и моето жилище.

Намерението му било да си почине само за малко, но потънал в дълбок сън. В спалнята на моето жилище спяха трите ми дъщери. В Светата обител с площ едва от 540 квадратни фута, имаше повече от 150 човека и вътре нямаше място за децата. Църквата беше препълнена с хора, дошли за службата. Те бяха разположени дори в малките стаички за молитва и по стъпалата извън светинята.

В този ден небето беше обсипано с облаци и помещението не можеше правилно да се проветрява от въглеродния окис от въглищата. Тъй като петъчната вечерна служба започваше в 11 часа следобяд и завършваше в 6 часа на следващата сутрин, младият човек и моите три дъщери бяха изложени на смъртоносния газ в продължение на повече от седем часа. Мъжът каза, че един път дошъл в съзнание, но тялото му вече било вцепенено и не е могъл да се движи. След службата, когато членовете започнали да се прибират вкъщи, портиерът слязъл долу по стълбите и станал първи свидетел на сцената. Намерил ги и извикал: "Те са мъртви!" Хората отвътре чули виковете му за помощ и пристигнали. Членовете качили в църквата моите три дъщери и младия човек – и четиримата в безсъзнание. Гледали с бялото на очите си и от устата им излизала пяна.

Трите ми дъщери дишали трудно, но младият мъж, Сукки Парк, не дишал изобщо. Неговото тяло било напълно вкочанено и всъщност вече бил труп. Аз бях много добре запознат с опасността от въглероден окис, но никога преди това не бях имал подобен опит и не вярвах, че можеха да се съживят. Беше почти невъзможно да си представя, че Господ можеше да ги съживи с моята молитва. Дори и да ги бяхме завели в болницата, за да получат лечение и да бъдат съживени, те щяха завинаги да останат засегнати умствено и физически и дори вегетиращи същества до края на живота си.

Моето духовенство тъкмо започваше и ако имаше смъртен случай точно след откриването на църквата, как щях да продължа да бъда пастор? Не можех да си позволя да обезчестя Господ с нещо подобно. Качих се на олтара и започнах да се моля: "Господи, Ти си този, който отнема или дарява обратно живот. Благодаря ти, че моите дъщери сега са с Господ в небето, където няма сълзи, тъга или мъка. Но този млад мъж е член на църквата и ако умре, това ще бъде позорно за теб. Моля те, върни обратно живота на този мъж."

След като благодарих на Господ с молитва, много членове на църквата се молиха на колене за тяхното съживяване. Отидох първо до мъртвия мъж, сложих ръката си върху него и се помолих: "Заповядвам в името на Исус Христос, въглероден окис, излез! Господи, съживи духа му и бъди възвеличен." След това се помолих за всяка от моите дъщери, една по една. След като се помолих за младия мъж, аз се помолих за най-малката ми дъщеря, Сууджин. Докато се молих за нея, младият мъж стана и седна на едно от местата близо до олтара. Той изглежда не знаеше какво става, защото единственото, за което си спомняше беше, че е спял досега в мазето. Тогава, докато се молих за втората ми дъщеря, моята трета дъщеря Сууджин дойде в съзнание и се изправи. Не беше минала и една минута, откакто се бях молил за моите три дъщери и те се изправиха. Членовете на църквата, които наблюдаваха всичко това, възхваляваха Господ, обзети от вълнение. По-късно младият мъж разказа, че неговият дух, който напуснал тялото му, наблюдавал какво става отвисоко над нас. Наблюдавал също как портиерът носил тялото му до светата обител и как получил моята молитва.

Въглеродният окис разрушава мозъчните клетки и ако бяха изложени на него в продължение на седем часа, то четиримата щяха да умрат. Дори и да ги бяхме закарали в болницата и да бяха оцеляли, те щяха да страдат от страничните ефекти. Но тъй като Господ ги излекува и ги пречисти от въглеродния окис и от последващите възможни странични ефекти, младият мъж и моите три дъщери продължиха да водят нормален живот без никакви последици. Когато бях подложен на подобни изпитания, аз разчитах единствено на Бог и дори не помислях да се осланям на някой друг. Когато преодолях това изпитание с благодарности, аз разбрах, че Господ ме е дарил с контрола и силата над някои неща като въглеродния окис.

След това, Господ ме научи как да прогонвам въглеродния окис. Тъй като този газ първо парализира мозъчните клетки и след това нервите по цялото тяло, засегнатият човек първо загубва съзнание и след това тялото му се вцепенява. За тези, които биваха натравяни с газ, Господ ме научи да се моля като казвам следното: Заповядвам в името на Исус Христос, излез бързо през носа, устата, двете уши и всички клетки. По този начин газът, който парализира цялото тяло, ще се подчини на заповедта да освободи тялото и да излезе бързо.

Нямаше ли десет изцерени? А къде са деветте

Молих се и Господ ми показа

През първите две години от откриването на църквата, аз сам посещавах и се грижих за нейните членове. Ако имаше някои от тях, които не идваха на Неделната служба или имаха някакви затруднения, аз постих, молих се по цели нощи и се разкайвах със сълзи за тях. Повечето членове живееха на голямо разстояние от църквата и нямаха добро финансово положение, някои от тях даже бяха пред фалит и обзети от отчаяние.

Преди броят на членовете да достигне няколко стотин, аз можех само с един поглед да видя кой отсъства от Неделната служба. Постих за членовете на църквата, а когато беше трудно за мен да ги посетя сам, аз изпращах някои служители да ги посетят от мое име. Опитвах се да не загубя нито една от душите, които Господ ми беше поверил.

Съвет с Любов

Понякога давах съвет с любов или показвах нещо на членовете с желанието си да се променят и да израснат във вярата. Когато бях притеснен за някого и ако се молих за този човек в продължение на десет минути, Господ ми посочваше и ми обясняваше неговите семейни или трудови проблеми.

Една неделя, един от членовете, които никога не пропускаше службите, не беше дошъл. Не можех да спра да се притеснявам за него. Молих се: "Господи, точно този човек не дойде на неделната служба. Какво се е случило с него?" Господ ми каза, че е отишъл на бар в неделя. След известно време, аз му казах какво съм видял, защото бях сигурен, че нямаше да се обиди или да се озадачи, дори и аз да греша. Лицето му почервеня в отговор, но той призна, че е било истина.

Имаше един църковен член, който беше дошъл на сутрешната служба, но беше пропуснал вечерната и не го видях. Той също беше от тези, които спазваха неделния ден. Когато се молих за него, Господ ми показа, че пие на сватбена церемония. След няколко дни му казах: "Един човек с определен цвят на дрехите ме уведоми, че няколко пъти те е поканил да пиеш с него. Отказвал си отначало, но след това си се съгласил." Лицето му почервеня и беше много объркан.

След такива инциденти като гореописаните, можех да забележа, че членовете, които извършваха грехове, после почваха да се страхуват от мен и да ме избягват. Мъчно ми беше да виждам хората да извършват грехове, да лъжат, да вършат неприлични неща и да прелюбодействат и се молих със сълзи.

Един ден в молитвите си чух Господ да казва:

"Не гледай настоящето положение на твоите привърженици. Гледай ги с очите на вярата и с надеждата да се променят в бъдеще. Ако те мамят, просто ги слушай и не се опитвай да откриеш повече . . . Ако гледаш само настоящето положение на твоите привърженици, ще бъдеш с разбито сърце, душата ти ще бъде объркана и ще увредиш здравето си. Няма да можеш по този начин да вършиш своите задължения."

От този момент нататък, аз оставих всичко в ръцете на Бог и спрях да се моля, за да разбера какво правят моите членове.

В църквата идваха хора от цялата страна не само, за да получат лечение, но и водени от духовна жажда за живото слово. Когато проблемите им се разрешаваха и биваха излекувани, някои хора се отдаваха на Господ и Му служиха в очакване на небесните награди. Имаше и други, които се завръщаха в своя свят, за да търсят печалбата.

Отхвърляне на идолите и просветление

Семейството на Парк Кионгсуун, която се присъедини към църквата, боготвореше идолите. Дъщерята на свекърва й беше умствено изостанала и майката провеждаше поне един ритуал месечно за нейното лечение и за прогонване на Сатаната.

Освен това, във всички ъгли на къщата имаше предмети против уроки и амулети - върху мебелите, във възглавниците и дори прикрепени към тавана.

Малко след откриването на църквата, аз посетих тази къща за една домашна литургия и когато видях дяволските знаци й казах: "В тази къща все още има амулети." Тя настоя: "Не, пасторе. Аз търсих вече навсякъде и ги изхвърлих всички." Отново й казах: "Има демон в къщата, който не иска да си отиде. Със сигурност има още амулети. Намери ги и ги изгори."

Когато Парк Кионгсуун потърси отново из къщата, тя намери още няколко амулети. Цялото семейство захвърли идолите, регистрира се в църквата и започна да води християнски живот. Кионгсуун Парк беше излекувана от сърдечно заболяване, от което страдаше дълго време. Нейната свекърва също беше излекувана от стомашни проблеми.

Млад мъж в последната фаза на туберколоза

По онова време имаше много хора с туберколоза на белите дробове. Дейхий Чо Кванджу беше изкарал туберколоза на белите дробове докато учеше висшето си образование. Той се лекува с лекарства от държавния здравен център и се възстанови, но когато тръгна на училище, започна да пие и да пуши и болестта се повтори. След повторното заболяване, лекарствата вече не му помагаха. Майка му намираше всякакви „добри лекарства" за болестта на сина й и му го даваше. Тези „лекарства" включваха змии, котки, пресен черен дроб, сокове от човешки екскременти и дори лекарства за прокажени. Извършиха ексорсизъм, храниха го с амниотична течност, с плът от трупа, изкопан в едно гробище, защото някой беше казал, че това е „добро лекарство".

През януари, 1982 година, той беше приет с диагноза в Университетската Болница Йонсей. Дробът му вече го нямаше и случаят му беше безнадежден, защото не можеше да се възстанови. Майка му се отказа и искаше да го изкара от там, когато дойде да го посети една баба в семейството. Старата жена живееше близо до църквата Манмин и въпреки че никога не посещаваше църквата, тя беше видяла много болни хора да влизат и да получават изцеление. Виждала ги да се разхождат наоколо излекувани. Поради тази причина, тя подтикнала внука си да посети църквата Манмин и на 13 март, 1983 година, Дейхий Чо посетил петъчната вечерна служба с усещането, че това е последната му надежда за оздравяване. Толкова бил изпостелял, че очите ми били изцъклени.

Всеки ден присъствал на изцерителните служби и постил в продължение на три дни. На третия ден от постите, Господ му изпратил волята за разкаяние и той се покаял напълно три пъти. На тринадесетия ден след първата му визита в църквата, Дейхий Чо бил убеден, че е излекуван. След сутрешната молитвена служба, той отишъл в банята, за да плюе, но нямало кръв. На предния ден все още имало кръв, но вече не. Острата болка в гърдите била изчезнала и нямало храчки или кръв. По-късно бил призован за служител на Бога и сега провежда своето духовенство като помощник пастор в нашата църква.

Молих се за изцерението на всички пациенти

Отначало, когато пациентите идваха в църквата, аз се молих за тяхното мигновено изцеление. Мислих, че за тях е най-добре да изпитат Божията благословия и да ги освободя от бремето на болестите. Молих се: "Господи, излекувай всички болни веднага щом дойдат." В интерес на истината Господ отговаряше на моите молитви. Всеки пациент, който идваше в църквата беше излекуван веднага, но скоро осъзнах, че нямаше резултат от спасението, а то беше най-важно. Повечето от тях напускаха Господ веднага след своето изцерение.

Веднъж на петъчната вечерна служба дойде една семейна двойка. Казаха ми, че мъжът е увредил сухожилието си след автомобилна катастрофа. Не можеше да върви добре и го болеше толкова много, че не беше в състояние да седи по време на службата. Святият Дух се разчувства и аз положих ръка върху него. Веднага след молитвата, той се изправи и заподскача, но след няколко посещения спря да идва в църквата.

Един пастор го посети и му каза: "Не е ли достатъчно това, че присъствах на службата няколко пъти и благодарих за моето изцеление? Ще ми плати ли някой за това, че посещавам църквата?" С тези думи той приключи своите посещения и не изпитваше необходимост да идва, защото беше излекуван. Ако Господ не го беше излекувал, нямаше да може да работи. Господ му даде живот и милосърдие и го изцели, но той не притежаваше живото слово, а гледаше само собствения си интерес.

Имаше една семейна двойка, на която се роди бебе в седмия месец. В продължение на три месеца, бебето остана в инкубатор в болницата, но състоянието му не се подобряваше. Докторът обяви случая за безнадежден. Бащата някога беше казал: "Когато бебето ни навърши една година, ще направим тържество и ще поканим всички в църквата да присъстват." Когато родителите разбраха, ще медицината не може да им помогне, те донесоха бебето в църквата. То получи молитва, бе излекувано и в чудесно здраве за петнадесет дни.

"Пасторе, благодарим ти много. На първия рожден ден на нашето дете, ще поканя теб и всички последователи и ще направим голямо тържество."

"Добре, съгласен съм."

Бащата на детето беше много щастлив за неговото лечение и той самият доброволно беше предложил да направи тържество, но постепенно започна да пропуска Неделните служби и за първия рожден ден на детето покани единствено своите близки и познати извън църквата.

Един млад мъж от Канг-уон До имаше здраво тяло, но много обичаше да се хвали. Когато се вслуша в църковните проповеди, започна да се разкайва. Когато се молих за този млад мъж, за да изгоня демоните от него, от устата му започна да излиза пяна и той припадна на земята. Демонът излезе от него и стана нормален човек с благ характер, но той се завърна в своята църква и повече никой не го видя.

Една възрастна жена беше изгубила зрението си до такава степен, че беше сляпа. Когато чуха новините за нашата църква, членовете на нейното семейство я доведоха и тя започна да вижда. Скоро след като бе излекувана, те напуснаха църквата.

Не вършете повече грях

В Йоан 5:14, след като излекувал един болен човек, Христос го намерил в храма и му казал: *"Ето, ти си здрав, не съгрешавай вече, за да не те сполети нещо по-лошо"*. След като бяха излекувани чрез любовта и силата на Бог, хората трябваше да живеят чрез Неговото слово и да бъдат благодарни за Неговотото милосърдие. Но ако отново вършат грехове, как може Господ да ги защити? Защото Господ трябваше да им обърне гръб и не можеше да ги закриля, те отново се разболяваха заради Дявола и понеже забравяха Неговото милосърдие, те се разболяваха още по-тежко от преди.

Можем да бъдем закриляни, когато живеем според Словото

Такъв инцидент се случи през ноември, 1982 година. По онова време, петъчните вечерни служби завършваха в 6 часа сутринта. Малко след полунощ, в църквата влезе една двойка с пет годишно момиченце. Детето плачеше силно и не можеше да устои на болката, която изпитваше. Момичето живееше в Бусан и диагнозата й беше за последна фаза на рак на панкреаса.

Лекарите се бяха опитали да я оперират, но туморът бил прекалено голям. Туморът растял в стомаха и операцията била опасна. Докторите сложили нещо като телена жица около стомаха й и гледката беше ужасна.

Името й беше Уонми. Няколко пъти на ден взимаше морфин, което беше единственият начин да се справи с болката. С кислородната маска, Уонми беше на път да умре. Нейната леля, сестра на баща й, убеждаваше родителите й с думите: "Братко, има една църква в Сеул, която е пълна с Божията благословия. Нека отидем там и да я оставим да получи молитва. Господ ще излекува Уонми." Родителите й вече били примирени и загубили надежда в лекарите, затова я послушали. Те взели Уонми със себе си и отишли с нея в църквата в Сеул.

Молих се за момичето в продължение на петнадесет дни. Когато получи молитва за първи път, болките й изчезнаха. След няколко дни имаше видими следи от лечебния процес. Болката беше изчезнала и подутият корем се беше нормализирал. Тогава родителите й започнаха да вярват. Посъветвах ги да премахнат телта в болницата, но те не отидоха в болницата и ги премахнаха сами с вяра. За общо смайване, след няколко дни, Господ излекува раните и ги затвори.

Уонми беше на път да умре в силни болки, но успя да се излекува за десет дни. Тя се учеше на хвалебствени песни и танци в неделното училище. Пееше и танцуваше със своите приятели. Всички, които я наблюдаваха, бяха щастливи да я гледат. Беше умна и обичана от много членове на църквата.

Те останаха в църквата, получаваха молитви в продължение на петнадесет дни и след това се върнаха в родния си град. Когато се молих за нейните родители, чух Божиите думи:

"Когато се завърнат, трябва да спазват десетте заповеди и дъщеричката им ще расте здрава. Но ако не спазват десетте заповеди, Господ ще извърне лицето Си."

Казах им: "Трябва да почитате неделния ден, да правите подходящи дарения и да служите добре на Бог. Вие родителите, трябва да спазвате десетте Божи заповеди, за да расте детето ви здраво." Бащата на Уонми каза: "Благодаря ти, Пасторе! Разбира се, че ще го направим. Мисля, че църквата все още не притежава голям автобус. Когато се върна вкъщи, ще изпратя един голям автобус на църквата."

Скоро след това чух, че детето е умряло. Родителите на Уонми отначало посещавали църквата след като се прибрали в родния град, но с течение на времето изглежда не спазвали Божия ден. Но трябва да бъдем благодарни за спасението на духа на Уонми и за това, че ще живее завинаги щастлива в небесното царство, където няма мъка или нещастие.

Господ ги лекува според вярата им

Тъй като беше началото на моето духовенство, аз бях много нещастен да видя как хората забравят милосърдието на Бога, напускат църквата и се завръщат в техния свят.

"Господи, те Те срещнаха, изпитаха Твоето дело и бяха излекувани, как могат после да Те оставят по този начин?" Плачех и проливах сълзи в моята молитва с разбито сърце и един ден чух Божия глас.

"Служителю Мой, когато излекувах десет прокажени, девет от тях си отидоха и само един се завърна да Ми благодари. По същия начин, когато искаш от Бога и ги лекуваш с вярата си, ако те нямат истина и живот в себе си, те ще забравят милосърдието и ще напуснат църквата. Следователно, няма да напуснат единствено, когато слушат словото и вярват. Тогава, когато бъдат излекувани със своята вяра, те няма да напуснат църквата. Защото ти се моли, аз ги излекувах чрез твоята молитва, но сега трябва да промениш съсдържанието на молитвата. Трябва да се молиш да бъдат излекувани според вярата им ."

Крайната цел на Християнския живот е да спасим своята душа и да отидем в небесното царство. Затова най-важното нещо е да познаваме Божието слово и да имаме достатъчно вяра, за да влезем в небесното царство. Когато Христос излекувал десет прокажени, само един от тях се върнал обратно при Него, за да благодари на Бог (Лука 17:11-19). Другите девет напуснали Господ и отишли по света. Само един бил спасен.

Хората идват в църквата, защото страдат от болести или други проблеми, но когато присъстват на възхваляващата служба, когато чуят проповедите и опознаят желанието на Бог, те добиват вяра и живот. Божията воля е да бъдат излекувани, когато приемат Святия Дух, когато повярват в ада и в рая и когато започнат да вярват, че могат да бъдат спасени. Ако бъдат излекувани без да вярват, с изключение на онези, които имат много силна съвест, повечето от тях ще се върнат в своя свят и накрая няма да бъдат спасени. Затова от тогава аз промених своята молитва и започнах да казвам: "Господи, лекувай ги според вярата им". Господ наистина показваше Своите лечебни умения, когато вярваха.

Вяра, която контролира времето

На първи август, 1983 година, за първи път се уединихме на остров Дейбу близо до Инчон. В нощта преди уединението, валеше много силно с гръмотевици и светкавици. Влакът до остров Дейбу беше само на един ден път и аз попитах Бог: "Господи, как ще отидем на уединението в този дъжд? Моля те, спри дъжда!"

Според плана трябваше да тръгнем от църквата в пет часа сутринта и затова някои студенти, които живееха далече, останаха да спят в църквата през нощта. Аз исках да поспя малко в моето жилище, но не можех да мигна заради силния шум от бурята. Лежах буден в леглото и се молих от все сърце, когато в три часа сутринта чух гласа на Святия Дух да ми казва да не се притеснявам. Отидох в църквата, за да проведа сутрешната молитва в четири часа сутринта и там видях някои от по-старшите членове. Когато свърши молитвата, беше 4:55 часа, но бурята продължаваше още по-силно. Имаше още повече гръмотевици и светкавици и проливният дъжд удряше по стъклата на прозорците.

Казах: "Нека всички се молим заедно да спре дъжда!" Тъй като те бяха свидетели на много чудни знамения, станали по време на петъчните вечерни служби, студентите и другите членове имаха силна вяра. Тези, които бяха вътре в църквата се молиха страстно в продължение на няколко минути, но светкавиците и гръмотевиците не спираха.

Чух думите: "Не се притеснявай. Вземи багажа си и слез на първия етаж. Когато някой стъпи на земята, дъждът ще спре!"

Предадох им думите и всички отговориха с „Амин", изправиха се и слязоха долу на първия етаж. Когато първият човек в редицата стъпи на земята навън, силният порой спря изведнъж, спряха също светкавиците и гръмотевиците. Чрез това преживяване, Господ ни дари с голяма вяра.

Получаване на обяснения за трудни откъси и „Посланието на кръста"

След откриването на църквата, бях канен да говоря на много служби. Проповядвах словото, за да внуша вярата на всички присъстващи и да им дам възможност да разберат любовта на Бога. Винаги, когато се молих за болните, много от хората се лекуваха. Куцият започваше да ходи и слепият започваше да чува. Случиха се много чудеса. Господ ме учеше също така какво да проповядвам на онези служби. Проповядвах за Исус Христос, Бащата Бог, истинската вяра и вечният живот, чудесата, възкресението, Второто пришествие на Бог и за Божието царство.

Обикновено службите се провеждаха от понеделник до петък. Те започваха в шест часа следобяд и в около 7:30 часа проповедите бяха в началото си. Обикновено продължавах до единадесет часа вечерта или до полунощ, защото пасторът и посетителите ме молиха да продължа проповедите. След вечерната служба, спях няколко часа и започвах службата на зазоряване. През 1983 година, аз обикалях из цялата страна и говорих на различни служби. Един ден Господ ми каза да спра да водя службите и да ида да се моля в планината.

Той искаше да ми обясни онези части от Библията, които бяха трудни за разбиране. Молих се в продължение на седем години да разбера тези трудни откъси и най-накрая получих отговор от Бога. И така, от месец май, 1983 година, аз спря да ръководя службите и отидох в планината за молитви Кванджу в Кванджу, Кионг-ги До. След неделната вечерна служба, аз отивах там да се моля през целия ден и в петък отново се връщах в църквата, за да ръководя петъчната вечерна служба през цялата нощ. Животът ми протичаше така в продължение на много години.

Борих се в студените зими и в горещите лета

През лятото слънцето беше много силно и през зимата, температурите спадаха до минус 10 или до минус 15 градуса по Целзий (приблизително +10 по Фаренхайт). Но аз просто слагах едно войнишко одеяло върху скалите и виках силно в молитвите си към небето. Дори и в студените зими, аз се качвах горе в планината и се молих от сутрин до вечер. Страдах на студеното време през целия ден. Когато температурата падаше под 10 градуса по Целзий, аз не се потях изобщо дори и да викам с всички сили докато се молих усилено.

Нямах пари и не можех да си позволя уютно и топло жилище. Можех да отделя само един брикет въглища за отопление през деня. Въздухът в стаята беше студен. Хартията на прозореца беше разкъсана и влизаше студеният вятър. В стаята имах мастило, с което си записвах обясненията на Господ за трудните части от Библията. В стаята беше толкова студено, че мастилото беше замръзнало. Трябваше да го разтопя по някакъв начин, за да мога да пиша. Нямах никаква дебела завивка и трябваше да се задоволя да спя некомфортно с едно войнишко одеяло. Ставах рано сутрин и отивах в църквата, за да присъствам на службата по зазоряване. След закуска се качвах в планината и се молих през целия ден.

Обясненията на трудните откъси от Библията имаха много значения

Понякога натрошавах леда и се миех с ледена вода, после се молих и четях Библията през целия ден. В седем часа вечерта, хората идваха да присъстват на вечерната служба и беше спокойно. След това отивах в килията за молитви и се изпотявах от усилията, които полагах докато се моля. Господ ми обясняваше онези откъси от Библията, за които се бях молил през деня. Той ми обясни първите части на Светото писание, които бяха най-трудни за мен за разбиране и обяснението беше по-сладко от меда. Тези откъси съдържаха неизмеримата и безкрайна Божия воля. Нека да разгледаме един от трудните откъси, които Господ ми обясни. В Йоан, глава 2, Христос отива на сватбено тържество в Кана и превръща водата във вино. Обикновено сватбеното тържество е място, където хората се напиват и си угаждат. Човек може единствено да се зачуди защо Христос, който е дошъл, за да спаси цялото човечество, е отишъл на този вид сватбено тържество и там е показал първото знамение на Своето духовно управление.

По време на сватбено тържество, хората ядат, пият и преобладава греха. Това първо знамение на Христос символично загатва за началото и за края на Неговото управление. Христос е бил поканен на сватбеното тържество в Кана и това означава, че когато обикновените хора канят Христос, те правят това, за да го разпънат на кръст. Той им позволява да Го разпънат на кръст и накрая това се случва. Водата символизира вечния живот (Йоан 4:14) и тази вода е Божието слово, което дава вечен живот. Словото е Исус Христос, който идва на тази земя с човешко тяло. Виното символизира ценната Му кръв и това, че Христос, словото, което идва на земята с човешко тяло, ще бъде разпънат на кръст и в бъдеще ще се пролива Неговата кръв. Христос, който идва на тази земя, изпълнена с грехове, ще предаде Своето свещено тяло на кръста и ще пролее цялата си кръв и вода. Този откъс ни показва любовта на Бога.

Превръщането на водата във вино означава, че кръвта, която Христос ще пролее на кръста, ще се превърне в кръвта, която дава вечен живот. Виното, което прави Христос на брачното тържество е бил чист гроздов сок без никакви съставки, които да напият хората. Освен това, хората опитали виното, направено от водата и казали, че е добро. Това символизира, че хората ще станат щастливи, когато греховете им бъдат пречистени като пият кръвта на Христос и се надяват да влязат в небесното царство.

Накрая се казва: *"Това извърши Исус в Кана галилейска като начало на знаменията си и учениците Му повярваха в Него"*. Тук, „като начало на знаменията си" има предвид четирите евангелия, в които се казва, че Христос ще приеме кръста, но на третия ден от Своето погребение, той ще прекърши властта на смъртта, ще възкръсне и ще покаже Своите знамения. Следователно, този израз има богато значение.

Учениците се разпръснали, когато Христос бил разпънат на кръст и когато хората им казали, че е възкръснал, те не им повярвали. Повярвали едва когато самите те Го срещнали. Учениците повярвали в Христос, не когато видяли първите знамения на неговото управление, а когато им показал своето величие, когато бил разпънат, не се подчинил на властта на смъртта и възкръснал. Чрез това първо знамение на Христос можем да разберем, че то не е било предназначено просто, за да почете сватбеното тържество на този земен свят.

„Посланието на кръста", скритата тайна преди началото на времената

Когато започнах да разбирам милосърдието и любовта на Бог докато четях четирите евангелия, посветени на управлението на Христос, не бях в състояние да продължа да чета, защото носът ми течеше и проливах толкова много сълзи. Започвах да плача на сцената, когато Христос е изправен пред съда на Пилат. Когато четях как Го бият, слагат трънен венец на главата Му и Го разпъват на кръста, сълзите ми не спираха. Не можех да спра да ридая и трябваше да затворя Библията.

Въпреки че опитвах да се контролирам, щеше да ми отнеме много дни, за да прочета четирите евангелия. Дълги години след откриването на църквата, когато четях Библията, щях да проливам сълзи. Едвам можех да участвам в Святото Причастие като се сдържах да не плача. Но след това, аз можех да преглътна сълзите си, когато разбрах напълно колко благодарно нещо е направил и каква благословия е за нас Неговото приемане на кръста, което е било нашето спасение. Можех вече да чета Библията и да участвам в Святото Причастие с радост и благодарност. Когато получих „Посланието на кръста", което Господ ми изпрати чрез вдъхновението, аз осъзнах още по ясно любовта на Бога.

През 1983 година, докато се молих в планината за молитви Кванджу, Господ ми обясни смисъла на „Посланието на Кръста". Обясни ми защо Христос е нашият Спасител, защо можем да бъдем спасени, когато повярваме, че Той е нашият Спасител, защо Господ посадил дървото на познанието на доброто и злото и защо Господ се човечеството на тази Земя. Той ми обясни „Посланието на кръста", което беше тайна, укривана от началото на времената. Показа ми също така духовното царство, отразено в книгата Битие.

Освен това, Господ ми позволи да разбера напълно и да запомня изцяло значенията и начините за нас да участваме в Божествената природа чрез „Девет плода на Святия Дух", „Блаженствата" и „Духовна Любов".

Как мога да нахраня паството с духовното слово?

Ако дълго време се молих на едно и също място, новината за това се разпространяваше и хората идваха да получат моята молитва. Тъй като имаше все повече и повече хора, които ме познаваха, аз трябваше да се преместя на друго място. За да мога да общувам с Бога, точно както апостол Йоан написва на остров Патмос книгата Откровение, аз също се нуждаех от едно уединено място, далеч от светските неща.

По тази причина, заминах на едно място в Кангуон До и Джочиуон. Когато се молих в горещите летни дни без наличието на електрически вентилатор, бях целият изпотен, но не се оплаквах от дискомфорт.

Имах два въпроса: „Как можех да накарам паството да разбере правилно Божията воля и да му предам духовни послания за тяхното духовно изхранване и съвършена вяра?" и „Как мога повече да се моля и да получа Божията сила, която са имали пророците и апостолите, за да изпълня успешно световната мисия и да построя Велик храм?" Толкова бях съсредоточен върху постигането на тези неща, че нямах време да мисля за друго.

През май, 1984 година, оставаха няколко дни до моя рожден ден. Старши Дяконът Гиумсан Вин, която понастоящем е водач на Великата Мисия на Обединените Жени, ми представи дома, принадлежащ на близък роднина в Кангуон До и известно време се молих там. До това място можех да стигна единствено с гребна лодка.

В петък трябваше да се върна в Сеул и да проповядвам

на петъчната и неделната служба, но Господ ми подсказа да остана там и да постя в продължение на три дни. Когато завършиха тридневните пости, Господ ме запозна подробно с богатото духовно и небесно царство. Можех да отпразнувам щастливо моя рожден ден с останалите членове, но много по-ценно и радостно беше да получа великия подарък на Бога след пости и молитви. Това, което ми представи Господ за небесното царство беше като поучително послание. То беше съпроводено с много цитати от Библията. В продължение на много години след това, аз предавах това послание на неделните сутрешни служби и го публикувах в две книги.

Дори съседите на пазара казваха: „Отиди в църквата Манмин".

Църквата се намираше в крайната част на един пазар. За да стигнат до нея, много хора слизаха на автобусната спирка и го прекосяваха целия. Често търговците от пазара наблюдаваха родителите да водят със себе си много болни деца или деца, преживяли автомобилна катастрофа.

В днешно време, често можеш да видиш инвалидни столове на колела, но по онова време в Корея не бяха много разпространени. Всеки път, когато търговците виждаха спешен случай, казваха: "Тръгнали са да се срещнат с пастора от църквата Манмин." Когато след няколко дни тези хора оздравяваха и купуваха подаръци на пазара, търговците оставаха много изненадани.

"Ти не беше ли онзи, когото вчера докараха на носилка?"

"Да, аз съм."

"Как тогава проходи днес?"

"Бях излекуван вчера с молитва."

Тъй като търговците често бяха свидетели на тези неща, те признаваха, че Господ е жив. Когато им проповядвахме евангелието казваха, че бяха твърде заети с работа и не можеха да посещават църквата. Въпреки това, когато виждаха, че някой е много болен, те му казваха да отиде да посети църквата Манмин.

Господ се трудеше с нас

Открихме втора църква

Една година след първата служба по откриването, вече нямаше място за повече хора в църквата. Когато имахме възхваляваща служба, всичко беше изпълнено с хора, включително килиите за молитва, коридора и всекидневната. Нямаше никакво свободно място. И така, започнахме да се молим за нашето преместване на по-голямо място.

Имахме нужда от някое място с площ поне от седем хиляди квадратни фута, но вярата на членовете на църквата не беше достатъчно силна. Когато се молих отново за по-голяма църква, Бог ми каза: *"Отиди да построиш временна постройка на едно свободно място. Когато падне, ще го построиш отново. После ще падне още веднъж и ще се сбъдне моето провидение."*

През септември, 1984 година, имаше празно място на покрива на една едноетажна сграда близо до пазара. Господ ни каза да построим там една временна структура, но не ми каза броят на членовете, които щяха да се противопоставят. Естествено, законът не позволяваше да се строи постоянна постройка на покрива. Обясних им, че Божата воля беше да построим временна сграда на това място и започнахме строителството. Собственикът на сградата беше съгласен и каза, че ще отиде в местната община, за да поиска да му издадат разрешение за строителството на временна постройка.

Чрез човешкия начин на мислене, беше трудно да се приеме издигането на временна структура върху покрива на една сграда и нейното използване като света обител. Но Господ беше казал така и аз просто се подчиних. Знаех също, че временната сграда ще падне след нейното построяване. След като членовете поставиха циментовите тухли, служителите от общината дойдоха и събориха всичко. Когато го построихме отново, те отново го събориха. Докато ставаше всичко това, имаше някои членове, които протестираха, но повечето от тях отправяха поглед нагоре към Бога, който причиняваше случилото се и се молиха страстно с обединени сърца. Местните жители, които бяха свидетели на всичко, казваха: "Трябва ли Държавата да се намесва толкова много?" и им ставаше жал за нашата църква. Дори работниците на пазара бяха добре запознати с Божиите дела, които се случваха чрез църквата Манмин. Докато членовете на църквата преминаваха през тази трудна ситуация, страстта за новата светиня се увеличаваше и сърцата ни бяха обединени в едно. По този начин, Господ приготвяше новата сграда.

До този момент, нямаше свободна сграда, която да бъде използвана от нашата църква. Но близо до мястото, където се намирахме, имаше една сграда от около 7000 квадратни фута, която беше завършена и ние можехме да я използваме. Господ ни каза да се преместим в тази сграда. По онова време имахме около триста привърженици и сумата по даренията не беше достатъчна дори и за целите на мисиите. Повечето членове не бяха богати и не беше лесно да приготвим дори и няколко милиона вона. Затова ако от самото начало бях казал на хората, че ще се преместим в сграда с около 7000 квадратни фута площ, те щяха много да протестират. Само за да наемем мястото, ние се нуждаехме от 40 милиона вона (40,000 американски долара). Имахме нужда от още двадесет милиона вона, за да го превърнем в света обител. Трудно беше да се постигне това единствено с вярата на членовете. Но тъй като членовете бяха преминали през трудни времена, тяхната жажда за нова църква нарастна и те се молиха с развълнувани сърца, с обединени мисли и усилия. В един момент ние събрахме средствата за преместването ни в новата църква. Накрая, на 31 декември, 1984 година, наехме сградата в Дей-Банг Донг, Донг-джак Гу и проведохме там първата служба. Чрез това изпитание, Господ увеличи вярата на членовете.

Изграждане на църковни организации

Размерите на църквата се увеличаваха бързо, когато Господ изпращаше нови членове. Вярата на членовете също растеше бързо с помощта на виденията и чудесата, които Господ правеше да се случват. Някои хора идваха в църквата единствено, за да получат лечение, но имаше и много други, които копнееха и търсиха словото на живота.

През октомври, 1983 година, беше установен Центърът за Молитви Манмин. Господ ръководеше съпругата ми, Бокним Лий, да провежда ежедневни изцерителни служби, за да лекува хората тялом и духом. Той я посочи за длъжността президент на центъра за молитви. Тя реализираше ежедневни изцерителни служби и се занимаваше основно с консултации, посещение на членовете и молитви. През януари, 1984 година, беше установена Мисията за „Поклонническа молитва със задължението да се моли за Божието царство и праведност. Освен извършването на молитви, молитвените поклонници посещаваха изцерителни служби и помагаха на болните. През март, 1984 година, детската градина Манмин откри мисията за деца. Само няколко години след откриване на църквата, вече се оформяше нейната структурата и организационна форма.

През октомври, 1985 година, съпругата ми изпълняваше длъжността президент на центъра за молитви и с няколко посетители започна провеждането на нощни молитвени служби. Тези молитвени служби бяха началото на днешната молитвена служба на Даниел, на която се събират и се молят хиляди членове всяка нощ. Президентът Бокним Лий се занимаваше основно с пости и молитви. Тя търсеше не само личното щастие в своето семейство, а се грижеше за душите на другите. Господ работеше с ясния глас на Святия Дух и я благослови да покаже много чудеса. Дори и сега тя ръководи службата на Даниел всяка нощ. Много членове са изпитали силата на Бога и са получили отговор на молитвите си в тази църква. Благодарение на молитвената служба на Даниел, душите на членовете са благословени. Това е движещата сила на религиозната служба.

Онези, които копнееха за живото слово дойдоха и слушаха духовните послания и те постигнаха мир и спокойствие. Онези, които получиха отговори и разрешения на своите проблеми, останаха в църквата и църквата стана силна.

Студент по медицина с тумор в мозъка

Сууиол Чо, роден в християнско семейство, се разболял от една болест, наречена „nasopharyngeal fibroma". Кръвоносните съдове в носа се оплитаха и се превръщаха в туморно образование, което по-късно се разрастваше в тумор на мозъка.

По онова време, един от близките на Сууиол Чо беше заместник директор на Националната Университетска Болница в Сеул. Дори и след сложна осемчасова операция, носът му не можеше да се оправи. Тъй като ходеше на училище, помагаше на хората и симптомите му се влошиха. Три месеца след операцията, носът му беше запушен и отново имаше много кръвоизливи. Когато отишъл в болницата, лекарите му казали, че всичко е започнало отначало.

Преди започването на първата операция, докторите му казали, че е много вероятно туморът да се разпространи и сега вече имал тумор на мозъка. През декември, 1984 година, той разбрал, че медицината не можела да го излекува и се регистрирал в нашата църква заедно с членовете на своето семейство.

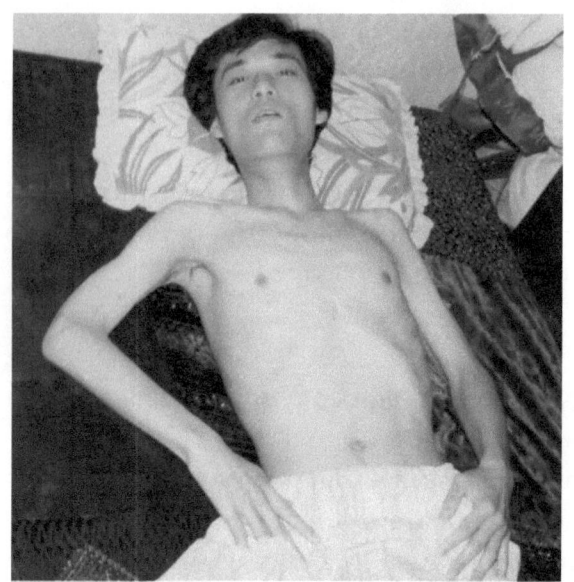

Суйол Чо, страдаща от пневмония

Днес той е излекуван свещеник

През януари, 1985 година, той получи благословия по време на службите и положението му се подобри. По това време, лекарите предложили втора операция и той все още имал надежда, че медицината можела да го излекува.

През 1986 година, след като преживял над десет силни кръвоизлива, той се убедил напълно, че можел да живее единствено с Божията благословия. На два пъти имал много силни кръвоизливи, които го изтощили.

Докато се молих в Джочиуон в съботните и неделните дни, един ден сърцето ми се изпълни с неописуема скръб и осъзнах, че Сууиол Чо е в изключително критично състояние. Молих се на Господ със сълзи.

Един от дяконите, които се молиха много в нашата църква, каза че е имала видение как държа края на дрехата на Христос и Го моля за живота на болния мъж. Дори и по-късно, винаги когато се намираше в опасност за живота, Светият Дух ме известяваше и той оцеляваше благодарение на молитвите. От тогава, Сууиол Чо доби духовна вяра и състоянието му доста се подобри.

Когато спираше да се моли и когато не беше изпълнен със Святия Дух, буцата в носа му ставаше много голяма, гърлото му се запушваше или нещо се подуваше в устата и ноздрите му. Когато се покайваше и получаваше моята молитва, подутината изчезваше. През това време, младият мъж откри плътските желания и дяволът в себе си и започна да пости с мислите: „Ако трябва да умра, ще умра.“

Той направи всичко възможно, за да се промени и накрая се превърна в напълно здрав човек. В момента служи на църквата като помощник пастор и има щастливо семейство с жена и дете.

Тяло, сковано от въглероден окис, натравяне с газ

През февруари, 1985 година, в събота следобяд, аз се молих в моята стая. Много хора се бяха струпали пред вратата и чух някой да вика, че е умрял човек. Когато излязох навън след молитвата, намерих една сестра от църквата, която беше вдишала отровния въглероден окис.

След като се прибрала вкъщи след вечерната петъчна служба, тя запалила брикет въглища и заспала. На другия ден в събота след 14 часа следобед я намерили натровена с газ. През цялото това време докато я открият, тя беше вдишвала газ и тялото й вече бе парализирано, а от устата й излизаше пяна. Беше я намерил един съсед, който я доведе в моето жилище, но тя изглеждаше като мъртвец. Намираше се в безсъзнание, с вкочанено и изстудено тяло.

Сложих ръката си върху нея и се молих: "В името на Исус Христос заповядвам, въглероден окис, излез! Излез през двете очи, през носа, през устата и от всички клетки на тялото!" В момента, в който свърших да се моля и отстраних ръката си от нея, тялото на сестрата започна да се затопля и тя бавно отвори очи. След това скованото й тяло започна да се отпуска. Хората около нея й направиха няколко минутен масаж и вече можеше да се движи. Тя се изправи и възстанови здравето си без никакви странични ефекти.

Ако я бяха завели в болницата, имаше много малка вероятност да се възстанови. Дори и да беше продължила да живее, тя винаги щеше да страда от мозъчните увреждания. Но всемогъщият Господ, който съживяваше дори мъртвите, показа Своята сила и тя беше напълно здрава само след две минути. Нейното име е Минсун Лий и по-късно се омъжи за пастора Джион-хван Ча от нашата църква.

"Моля ви, вървете в Шиндейбанг Донг."

Понякога се молих и за онези, които спираха да дишат. През юни, 1985 година, нещо се случи с две годишната дъщеря на дякона Сиок-хий Чо, наречена Сиунг-ах. Майка й приготвяла наденички, когато детето отишло при нея и бутнало ръката й и тя й дала едно малко парченце наденица. Скоро след това престанала да вижда дъщеря си да се разхожда ис стаята. Отишла да я потърси в другата стая и там я намерила умираща, с пяна от устата, задъхваща се за глътка въздух а цветът на кожата й посинявал.

Всичко това станало само за няколко минути и тя била много изненадана. Качила я бързо на груб и извикала такси. Тъй като била чула и видяла лечението на неизличими болести и завръщането на хората от смъртта в църквата, тя показала вярата си пред Бога и казала на шофьора на таксито да я закара в Шиндейбанг Донг. Той й казал, че наблизо имало също така много болници и щ попитал защо иска да отиде толкова далеч.

"Не, в Шиндейбанг има един много компетентен лекар."

Аз си бях вкъщи, когато тя пристигна и можах да се моля за нея. Малкото дете беше спряло да диша и тялото му ме изстинало от пътя в таксито. Молих се страстно на Бог да върне обратно духа на мъртвото дете. Веднага щом свърши молитвата, детето се изправи и възстанови дишането си. От този момент, тя започна да расте нормално без никакви странични ефекти. Понастоящем учи в Университета Киунг-хий и родителите й са пастори в църквата

Джинджуумун Манмин в Сачион, провинция Кионг-нам.

Трета степен изгаряне, излекувана с Божията сила

На 6 април, в неделя, 1986 година, на старши дякона Иундюк Ким на 62 години се беше случил инцидент в кухнята на църквата. На газовия котлон имало голяма тенджера с вряща вода за юфка.

Когато се подхлъзнала, тя грабнала в бързината дръжката на газовия котлон и врящата вода от голямата тенджера изгорила сериозно гърдите й, корема, ръцете и краката. Имала късмет, че не си изгорила главата и лицето.

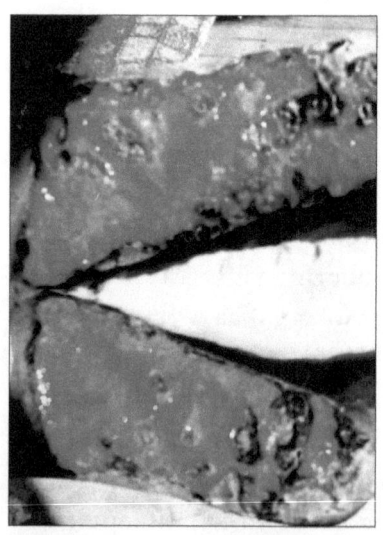

Излекуван от изгаряне от трета степен

Когато чух за това, аз отидох в кухнята и се молих за нея докато лежеше на пода. Изгарянията бяха толкова тежки, че кожата й беше изгоряла и залепнала за дрехите, а самата тя беше в полу съзнание. Докато се молих каза, че усещала тялото си да изстива. Топлината излязла от нея през лявата половина на гърдите й, след това през дясната и накрая напуснала тялото й от десния крак.

Въпреки, че вече не изпитваше топлина, изгорелите части изглеждаха като изпечено месо и залепналата по дрехите плът беше разкъсана. Гледката беше ужасна. Ако беше отишла в болницата в това положение, нямаше да дадат гаранции за живота й. Дори и да беше продължила да живее, щеше да бъде необходимо присаждането на кожа. Дори и след многократни операции, тя щеше да има белези

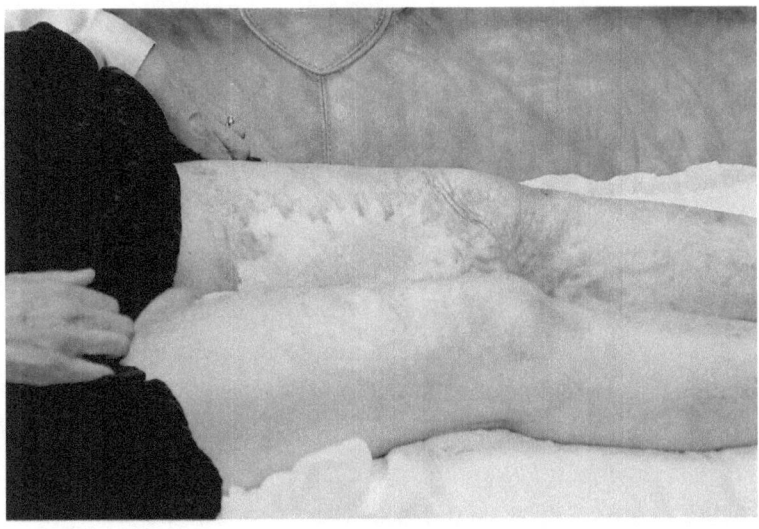

Напълно излекуван и възстановяващ се след молитва

и да страда от странични ефекти. Заведох я в моето жилище и се молих за нея един път на ден. Не получаваше никакво медицинско лечение или инжекции, но с Божието дело се възстановяваше бързо.

Напълно изгорелите и мъртви клетки се превърнаха в коричка, която скоро се обели. На мястото на изгорялата излизаше нова плът и се формираха нови кръвоносни съдове. Мъртвата кожа се обновяваше. Членовете, които я посещаваха бяха свидетели на този процес.

Старши дяконът Иун-дюк Ким беше излекувана напълно само три месеца след инцидента и беше напълно нормална. През 2007 година тя беше на 82 години и водеше праведен Християнски живот.

Заря

"И тъй, след като им говори, Господ Исус се възнесе на небето и седна отдясно на Бога. А те излязоха и проповядваха навсякъде като им съдействаше Господ и потвърждаваше словото със знаменията, които го придружаваха. Амин" (Марко 16:19-20).

Когато учениците отиваха да се молят, Господ се трудеше с тях. По същия начин, макар и да изглеждаше, че аз полагам ръцете си върху пациентите, всъщност, опетнените с кръв ръце на Господ биваха положени върху тях. Онези, които притежаваха дарбата да виждат неща или онези, които можеха да виждат духовното казваха, че когато аз се моля, Господ слагал ръцете си върху болната част на пациентите.

Аз се моля за болните хора на всички видове

възхваляващи служби и много хора виждат от ръцете ми да излиза огън. Този огън представлява огъня на Святия Дух и той отива до всеки член съобразно вярата му, за да изгори болестите. Когато слагах ръце върху тях, аз страстно се молих да ги излекува и да реши проблемите им и Господ отговаряще на тези молитви чрез зарята на Святия Дух.

Вдъхновението на Святия Дух ни представя бъдещите събития

Ръкоположен като пастор

През май, 1986 година, чтири години след като открих църквата, в църквата извършихме службата по моето ръкополагане като пастор. На този ден, членовете ми дадоха голям златен ключ като символ на тяхното доверие и любов. Ключът означаваше, че ми възлагат пълната власт на църковен пастор, че ми имат доверие и че ще ми се подчиняват. Все още пазя този ценен подарък, даден ми от сърце.

След ръкополагането, Господ ме ръководи за извършването на 21 дневна молитва. Опитвах се да се свържа с Господ чрез молитви и пости в моето място за молитви в Джочиуон. Тогава Бог започна да ми обяснява за книгата Откровение, в която са описани събитията, които ще се случат през последните дни.

След сутрешната неделна служба на 20 юли, 1986 година, аз започнах да давам лекции за книгата Откровение. Тези лекции продължиха около четири години до 20 декември, 1989 година. Онези, които знаеха поне малко за духовното царство, искаха да научат още и слушаха с радост проповедите.

Петъчната вечерна служба с посетители от цялата страна

Скоро след като се преместихме в новата сграда и след като проведохме първата служба, църквата започна отново да се изпълва с хора. Тъй като непрекъснато се провеждаха служби, нямахме време да строим нови помещения.

През 1987 година, наехме една сграда в Шиндейбанг Донг, Донгджак Гу и се преместихме там. Това беше нашата трета света обител. Три месеца след извършване на службата в чест на преместването в новата сграда, църквата пак се изпълни изцяло. Броят на регистрираните членове по онова време беше над три хиляди. Използвахме втория и третия етаж за целите на църквата, но нямаше място, за да приемем всички. Някои от хората, които идваха, трябваше да се върнат обратно.

До месец юни, 1989 година, църквата доби мега размери с шест хиляди регистрирани членове. След откриването на църквата, единственото, върху което исках да се съсредоточа беше Божието слово и молитвите, за да изпълнявам изцяло поверените ми от Бога задължения.

За тази цел, поверих грижата за членовете на помощник пасторите. По времето на първите църкви, апостолите имали повече работа с разрастването на църквите и посочвали седем дякона, които да служат на църквата. Апостолите били съсредоточени единствено върху Божието слово и молитвите (Деяния 6:3-4). По същия начин, аз не се занимавах с финансовите въпроси на църквата и всеки отдел имаше различни задължения.

Провеждахме конференция на пасторите един път или два пъти годишно, за да окуражим пасторите и за да имат успешно духовенство. Аз искрено се опитвах да привлека обичани от Бога и от хората влиятелни пастори и правих всичко възможно, за да имат колкото се може повече помощници.

Петъчната вечерна служба беше добре известна в страната с това, че е изпълнена със Святия Дух и на нея присъстваха много хора, независимо от тяхното вероизповедание. Колко хубаво е, когато са изпълнени със Святия Дух през нощта и след това се завръщат в своите църкви, за да им служат в неделя! След 12 декември, 1986 година, по време на петъчните вечерни служби започнах поредица лекции за книгата на Йов, която Господ ми беше обяснил. Тези лекции завършиха с петъчната вечерна служба на 11 декември, 1992 година.

Това представляваха духовни проповеди, много различни от всички други интерпретации на Книгата на Йов и беше специално послание за чувствата на човека, наречен с това име. Неговата цел беше да открием злото и безверието в сърцата си. Освен това, след 1989 година, Господ започна да ме поучава за „Духа, Душата и Тялото" на човека в подробности. След това Той ми обясни за различните „Измерения". Когато проповядвах на членовете тези послания, техните духовни очи се отваряха и аз можех ясно да видя как се променят. Когато вярата им нарастваше, трябваше да ги уча на нови неща. По този начин продължавах да навлизам в по-дълбоките слоеве на духовното царство.

Да промениш още един човек

Един ден, докато се молих, Господ каза със съжаление:

"Служителью мой, публикувай бързо книгите с посланията, които ти предадох. Днес има малцина, които вярват истински и могат да бъдат спасени. Те казват, че вярват, но вършат беззакония. Те ме разпъват на кръст отново. Те не вярват, но те се заблуждават, че вярват."

Хесус казва: "Обаче, когато дойде Човешкият Син ще намери ли вяра на замята?" (Лука 18:8). Днес има толкова много грях и беззаконие, че е много трудно да намериш хора, които изпитват истинска духовна вяра, каквато Бог търси.

Когато земевладелците прибират реколтата, те събират само пшеницата, а плявата оставят, за да бъде изгорена от огъня. По същия начин, Господ предпочита едно зърно пшеница пред голямо количество плява. Той събира само пшеницата от Своето царство (Матей 3:12). Той иска от нас да се молим стриктно, да живеем според Неговото слово, да прогоним желанията на плътта и да изпълним сърцето на Бога, който е единния дух (1 Солунци 5:23).

Когато членовете на църквата научиха посланията за „Духа, Душата и Тялото" и „Измерения", те започнаха да разбират тяхната идея и се опитваха да прогонят греха. Ако никой не ни говори за греховете, ние няма да знаем нищо за тях. Ако хората не познават своя ангажимент към света, много е вероятно да се превърнат в заблудени вярващи, които не могат да бъдат спасени. Поради тази причина, пасторите трябва много добре да обясняват същината на греховете.

За посланията разчитах единствено на Господ

Когато Христос изпраща своите ученици, Той казва: *"А когато ви предават, не се безпокойте, как или какво да говорите, защото в същия час ще ви се даде какво да говорите. Защото не сте вие, които говорите, но духът на Отца Ви, Който говори чрез вас".* (Матей 10:19-20). В годината, в която открих църквата, аз бях в горните курсове на духовната семинария. Трябваше да си правя домашните и да посещавам училище. Освен това, всяка седмица трябваше да приготвям повече от десет послания за сутрешните служби, за петъчната вечерна служба и за неделните служби сутрин и вечер. Трябваше също да посещавам и да давам консултации на членовете на църквата и да се моля лично за болните хора. Винаги бях много зает.

Нямах време дори да запиша моята проповед на лист хартия, но когато се молих, Господ ми даваше заглавието и откъсът, който четях. Когато се молих по време на проповедите, Господ ми даваше Своето вдъхновение. Когато стоях на амвона, Божието слово летеше в ума ми.

В днешно време литургиите се излъчват наживо в цялата страна и в други държави по сателита или по интернет и затова имам предварително изготвени проповеди. Но от откриването на църквата и преди да започне масовото излъчване на проповедите, аз проповядвах само по памет и без записки.

Аз съм само един недостоен служител]

Един ден през април, 1987 година, тъй като нямах много време, за да се моля достатъчно, не получих вдъхновение докато проповядвах. Самият аз чувствах, че проповедта не протичаше добре и когато свърши, съжалявах много пред Бога, че не я приготвих с повече молитви. Винаги, когато ми се случваше нещо подобно, аз изпитвах силното чувство, че съм никой и не съм способен на нищо ако Господ не е с мен. Ако Господ ме изостави, няма да мога да предам нито едно послание, няма да има никакви изцерителни чудеса, Светият Дух няма да прави нищо докато проповядвам и членовете на църквата няма да се променят. Дори и да бях успял да постигна някои неща, аз бях просто един недостоен служител в очите на Бога. Затова, въпреки че бях получил велики сили отгоре и въпреки че бях използван като инструмент от Бога, никога не трябваше да бъда високомерен.

През април, 1987 година, бяха публикувани моите мемоари, Да опиташ вечния живот преди смъртта. Тази книга беше публикувана няколко пъти и не спираше да се купува. Понастоящем е преведена на различни езици и е разпространена в много страни по света. Чрез тази книга, много хора повярваха в живия Бог, в Бога лечител, в Бога, който дава отговор на молитвите и Бога на любовта.

Сууджунг Мейнг, която живееше в Германия, получи книгата от известен пастор и я прочете. Впечатленията й бяха много добри и когато пристигна в Корея, тя посети църквата ни, за да присъства на една служба. Постепенно стана постоянен член и изпита промени в своето ежедневие чрез словото на живота. Беше изпълнена с тръпката да разпространява евангелието и в момента е мисионерка във Вашингтон, отдадена на проповеди.

"Това е АМ 837 Khz Християнска Радио Програма. Днес, в предаването „Ти си с мен", ще ви разкажем историята на преподобния Джейрок Лий от църквата Манмин Джуунг-анг." От първи до тридесети юни, в радио програмата „Ти си с мен" на радио CBS моята изповед беше излъчена под формата на драматични сериали. В продължение на един месец, тя беше излъчвана два пъти на ден, сутрин и вечер. Чрез тази програма, много хора в страната получиха Божията благословия чрез моята изповед и запомниха името ми. Някои хора даже казаха, че са повярвали в Бога.

На 18 август, аз участвах в една програма, наречена „Обнови ме" на радио CBS и представих моята изповед. В този момент, продуцентът ми каза да не споменавам, че Бог ме е излекувал. Според него можеше да има възражения ако споменавахме за чудеса. Не можех да се съглася с това и само се усмихнах в отговор. В крайна сметка, когато правихме записа на излъчването, аз разказах цялата си история, включително процеса на Божието изцерение. Но след като мина датата на запланираното излъчване, моята история все още не беше предадена и попитах продуцента какво става. Бяха на път да унищожат лентата, но успяхме с помощта на друг човек да я спасим и тя беше излъчена за един час. Чувствах, че ще бъде много добре да излъчат истината такава, каквото беше.

Пророчества чрез вдъхновението на Святия Дух

Господ ни дарява с дарбите на Святия Дух за наше добро (1 Коринтяни 12:7). В 1 Коринтяни 14:1-5 пише: *"Следвайте любовта, но копнейте и за духовните дарби, а особено за дарбата да пророкувате. Защото, който говори на непознат език, той не говори на човеци, а на Бога, защото никой не му разбира, понеже с духа си говори тайни. А който пророкува, той говори на човеци за назидание, за увещание и за утеха. Който говори на непознат език, назидава себе си, а който пророкува, назидава църквата. Желал бих всички вие да говорите езици, а повече да пророкувате и който пророкува е по-горен от този, който говори разни езици, освен ако тълкува, за да се назидава църквата"*. Апостол Пол е искал всички деца на Бога да получат дарбата да говорят на различни езици и той подтиквал изрично вярващите да получат дарбата на пророчеството. Понякога казвах на членовете на църквата какво ще се случи, вдъхновен от Святия Дух за наставление и за да им вдъхна повече вяра. По време на сутрешната молитва, аз казвах: "Господи, изпрати ни определен брой вярващи следващата седмица."

След това обявявах, че следващата седмица ще дойдат определен брой посетители. През това време броят на членовете на църквата нарастваше много бързо.

"Следващата седмица на службата ще присъстват 50 човека."

На следващата събота, накарах членовете на църквата да преброят дошлите и техният брой беше точно петдесет.

"Следващата седмица ще дойдат 65 посетители."

Всяка седмица броят на посетителите нарастваше и аз проповядвах в неделните дни. На следващата неделя, членовете на църквата пак преброяваха посетителите и винаги оставаха смаяни.

Когато дойдоха 80 човека, броят им спря да нараства в продължение на няколко седмици. Докато се молих за това, аз разбрах, че дяволът враг не иска броят на посетителите да надвиши сто. Аз постих и се молих с членовете на църквата и седмицата, в която изгонихме дявола, броят на хората се повиши отново. На 10 октомври, в деня на учредяването имаше над сто човека.

В някои специални случаи, Господ ме уведомяваше предварително за размера на даренията. При откриването на църквата, ние получавахме седмично около шест милиона вона (6,000 американски долара). Тъй като се бяхме концентрирали върху изпълнението на световната мисия, ние имахме много повече разходи, отколкото приходи. Средствата никога не достигаха и църквата ни не се намираше в добро финансово състояние. Започнах да се моля на Бог за това. Докато се молих страстно, Господ се трудеше по специален начин, за да разреши трудните ситуации. Чрез ясно вдъхновение от Святия Дух, Господ ми каза дори точната сума на даренията.

"Следващата седмица, сумата по даренията ще бъде 33 милиона вона (33,000 американски долара)." Аз получих отговора и казах точната сума на служителите, които се занимаваха с финансовите въпроси на църквата, за да им вдъхна повече вяра. Но те не ми отговориха нищо специално, може би защото не бяха в състояние да ми повярват. Изглежда имаха съмнения относно петкратното увеличаване на даренията за една седмица.

Следобедът на следващата неделя, служителите от финансовия отдел преброиха даренията и ми докладваха, че сумата е била точно 33 милиона вона. От тогава винаги се молих на Господ, когато имах финансови трудности и всеки път Господ ни благославяше многократно и с неговата милост бяхме в състояние да преодоляваме трудностите. Особено в случаите, когато Господ ни даваше много повече от обикновено, Той ми го съобщаваше и аз го казвах предварително на финансовия отдел. Можех да видя как вярата им нарастваше след като няколко пъти се случваше същото.

Казваше ми за бъдещи събития в Корея и по света

Аз винаги виках в молитвите си и живеех, изпълнен със Святия Дух. От време на време Господ ми даваше да науча предстоящи събития или велики и тайни неща. Господ изпращал на Петър видения, за да му казва неща от бъдещето (Деяния, Глава 10) и Стефан видял Божията сила и Христос стоял от дясната страна на Бога. По същия начин, Божията сила може да постигне всичко. Независимо дали в Стария или в Новия Завет или днес, Той действа по същия начин.

Амос, глава 3, стих 7 казва: *"Наистина Господ Иеова няма да направи нищо без да открие Своето намерение на слугите Си пророците"*. Както вече споменах, когато се молих, Господ ми даваше да разбера предварително за членовете на нашата църква, за събитията в нашата страна и в целия свят.

Когато посещавах духовната семинария на 26 октомври, 1979 година, имах неспокойно странно усещане още от ранна сутрин и се помолих за това. След това Господ ми разкри, че в страната ни ще загасне голяма звезда. Той ми даде да разбера, че президентът Парк Чунг Хий ще умре. Казах на съпругата ми, че ще се случи голямо нещастие и отидох в духовната семинария. Сърцето ми беше обзето от скръб. Целият ден не спрях да проливам сълзи. На следващия ден чухме по новините, че президентът Парк Чунг Хий е бил убит предната вечер.

Докато не разкрие тайния Си съвет на Своите служители Пророците

Господ ми даваше да разбера предварително как ще се развият събитията по света и понякога ми казваше неща за много важни лица. През 1984 година, Господ ми разкри, че ще умре Индира Ганди, която беше министър председател на Индия. Господ ми позволи да го знам няколко месеца преди смъртта й и аз предадох посланието на църковните членове. През месец октомври на същата година прочетох в един вестник, че е била убита от сикх.

През същата година, Господ ми даде да разбера, че президентът Рейгън и министър председателката Маргарет Тачър ще бъдат преизбрани и ми обясни защо. Маргарет Тачър имаше стегнат мъжки стил. Непретенциозно и скромно, тя се опитваше да бъде безупречна пред Господ. Тя не мислеше за богатство или власт и служеше с любов на своя народ. Господ ми обясни, че хората ги харесваха, защото обичали страната и народа, на който служели.

През 1985 година умря Генералният Секретар на Комунистическата Партия на Съветския Съюз, Константин Устинович Черненко. През 1984 година, аз имах видение за това няколко месеца преди да се случи и го разказах на членовете с намерението си да им внуша вярата. Няколко месеца по-късно излязоха статии за неговото заболяване и смърт.

Декларацията на 6/29 и процесът на демократизация

На 29 юни, 1987 година, господин Тейвоо Рох, президент на Демократичната Партия на Правосъдието, обяви Декларацията 6/29. След общите избори на 12 февруари, 1985 година, партиите от опозицията критикуваха липсата на автентичност на президента Дуухуон Чун, който беше избран чрез непреки избори и настояваха за преки президентски избори. Те искаха хората от страната да изберат директно своя президент.

Срещу тези движения, на 13 април, 1987 година, президентът Дуухуон Чун издаде „Закрила на Конституцията", за да сложи край на всички спорове за промяна в Конституцията и предаване на властта съгласно действащия закон. На десети юни, той беше ръководител на конгреса на Демократическата Партия на Правосъдието и избра Тейвоо Рох за кандидат-президент на партията в своя стремеж да установи военното правителство. При тези обстоятелства, един студент - Джонгчиол Парк почина след измъчвания в полицията. След 10 юни, в цялата страна започнаха големи демонстрации. На 26 юни, повече от един милион хора от 37 града манифестираха до късно вечерта. Тъй като мямаше достатъчно полиция, която да контролира манифестациите, правителството обсъди възможността да наложи военна сила. Накрая спечелиха привържениците на умерената политика. Те решиха да приемат исканията на народа за преки избори и това представляваше Декларацията 6/29.

На 15 юни, 1987 година, аз провеждах религиозна служба в църквата Чейл в Бупионг. На 18 юни изведнъж, Господ ми изпрати видение и вдъхновение. Той ми съобщи издаването на Декларацията 6/29 и нейното съдържание. Тъй като чрез силното вдъхновение на Святия Дух, Той ми даде да разбера, че в страната ще има големи промени, за мен беше ясно, че събитията ще протекат много бързо.

На следващия ден, на 19 юни, аз казах за това на църковните членове под формата на акроним и акронимите бяха публикувани в седмичния бюлетин на следващата неделя. Правителството обсъждаше всичко това тайно и един обикновен човек много трудно можеше да си го представи.

Предварително отпечатване на Прогреса в Седмичния бюлетин на 21 юни, 1987 година

Като взех под внимание политическите условия на диктаторското управление по онова време, акронимите, които излязоха в седмичния неделен бюлетин бяха разпечатани отзад напред. Все още пазим този бюлетин. На хангул, с корейски букви, тези акроними бяха следните: "Min, Gey, Yak, Sei, Dae, Gye, Chong, Mo, Roh, Hu, Dae."

На 5 юли, в неделя, аз обясних подробно значението на акронимите по време на неделната служба.

Те означаваха: "Президентът (Dae) Чун издаде „Закрила на Конституцията", за да подкрепи президентската кандидатура на (Hu) Тейвоо Рох (Roh). Но тъй като човекът беше прострелян (Chong) в главата (Mo), всички планове (Gye) на „Закрилата на Конституцията" ще пропаднат. Влиянието (Sei) на президента (Dae) Чейн бе намалено (Yak) чрез опозицията на народа и за да приеме исканията на хората, той трябва да издаде Декларацията 6/29. Ще има промяна (Gey) на Конституцията с цел преки избори и това ще бъде началото на демократизацията (Min).

За твоя информация, осемте постановления на Декларацията 6/29 са следните:

1. Мирно предаване на властта през февруари, 1988 година, чрез промени в Конституцията.
2. Честно и справедливо управление на изборите чрез промяна на законите за президентски избори.
3. Амнистия и представяне на господин Дейджунг Ким.
4. Спазване и подобряване на Закона за правата на човека.
5. Позволяване свобода на словото.
6. Местна автономия, свобода на училищата и автономност на образованието.
7. Гарантиране работата на различни партии.
8. Решителни закони за социално пречистване.

Резултатът от президентските избори

През декември 1987 година, преди провеждането на тринадесетите президентски избори, аз се молих за тях. "Господи, каква е Твоята воля? Кой е най-подходящият президент според Теб? Кой всъщност ще стане президент?"

Господ ми даде да разбера, че кандидатът Тейвоо Рох ще стане президент на тези избори. След това, Господ ми показа кандидатът Янгсам Ким във вагон с цветя да отива в Синия Дом, президентския дворец след господин Рох и кандидатът Дейджунг Ким отиде в Синия Дом във вагон с цветя.

Господ ми обясни също така, че ако Янгсам Ким и Дейджунг Ким се обединят, първо ще бъде президент Янгсам Ким и след това Дейджунг Ким. Докато ми показваше това видение, Господ ми обясни, че Божията воля е тези два кандидата да се обединят, но тъй като нямаше да се обединят на тези избори, кандидатът Тейвоо Рох щеше да спечели.

Освен това, Бог ми даде да разбера, че кандидатът Рох щеше да спечели повече гласове от очакваните и че на второ място щеше да бъде кандидатът Янгсам Ким, на трето място – Дейджунг Ким и на четвърто – Джонгпил Ким, с много малко гласове. Обясни ми също така подробно, че кандидатите Янгсам Ким и Дейджунг Ким можеха да се обединят и ако това се беше случило, кандидатът Янгсам Ким първи щеше да бъде президент.

Написах едно писмо с описание на всичко това и помолих един от църковните членове да го предаде на кандидата Янгсам Ким в неговата резиденция в Сангдо

Донг. Църковният член отиде в резиденцията на кандидата Янгсам Ким, но последният беше отишъл в Бусан на предизборна кампания и служителят предаде писмото на неговата съпруга. Тя прочете писмото на място и каза, че ще го предаде на мъжа си. Все още пазим копие от това писмо в църквата. В крайна сметка, тъй като тези двама кандидати не се обединиха, кандидатът Тейвоо Рох спечели изборите и беше избран за президент.

Глава 6

Разрастване на църквата и изпитания

Лишаване от правото на изказване и счупеното чукче

Всъщност, вероизповеданието, на което принадлежеше моята църква, беше Обединена Корейска Свята Църква. След откриването на църквата, аз правих всичко възможно да сътруднича с вероизповеданието и църквата се разрастваше непрекъснато.

След обединението с друго вероизповедание

На 13 декември, 1988 година, нашето вероизповедание и Корейската Свята Църква в Анянг се обединиха и бяхме присъединени към вероизповеданието Анянг. По онова време пасторът Тейкгоо Сон, моят учител от духовната семинария, беше президент на Обединената Корейска Свята Църква и църквите бяха обединени по негово предложение. През онази епоха моята църква се разрастваше много бързо. Когато нашата пета църква беше установена в Сувон, председателите на вероизповеданието възразиха срещу наименованието й. Според тях, църквата не можеше да съдържа в името си „Манмин" и трябваше да променим името на „Сувон Дейквоо".

През декември, 1989 година получих официално писмо от председателите, че щеше да се извърши преглед и трябваше да присъствам в единадесет часа сутринта. На 18 декември пристигнах в стаята за събрания в десет и половина сутринта, но нямаше никакви известия за промени целия следобяд. Доста по-късно бях извикан и влязох в стаята за събрания. Там присъстваха шест пастора, които бяха членове на Общото Събрание. Веднага щом ме видяха, те започнаха да ми задават въпроси. Според мене трябваше да започнем с молитва или възхвала тъй като това беше събрание на пасторите. Видях, че не беше така и бях разочарован. Те ме атакуваха с въпроси и обвинения:

"Чух да казваш, че Христос ще се върне след три или четири години, вярно ли е това?"

"Никога не съм казвал подобно нещо."
"Лъжеш! Ти си пастор, който лъже."

Бях объркан от онези въпроси. Казаха ми, че не трябваше да давам обяснения и че можех да отговарям само с „да" и „не".

"Ти си много добър лъжец и затова си способен да измамиш хиляди овце. Да не мислиш, че не можем и ние да имаме толкова много привърженици ако лъжем?" "Казват, че получаваш видения-разкрития. Използваш ли други писания освен шестдесет и шестте книги на Библията?"

"Това никога не се е случвало."

"Лъжец! Ти казваш на църковните членове да престанат да работят и на студентите – да спрат да учат!"

"Никога не съм правил това."

"Танцуваш магьоснически танци на олтара?"

"Никога не съм правил подобно нещо."

Абсурдните въпроси продължаваха. Всички те бяха плод на недоразумения. Не ми дадоха време да дам обяснения по обвиненията. Един пастор, когото ще нарека „Пастор С", ми зададе девет въпроса, приготвени предварително. Аз нямах никаква представа, че онези абсурдни въпроси бяха част от процеса, който водеше до присъдата. Тези девет въпроса бяха изпратени на моята църква. Казаха ми, че ако не ги коригирам, ще спазят присъдата на събранието по проверката. Въпросите включваха: забрана на продажбите на моите мемоари, Да опиташ вечния живот преди смъртта; забрана на продажбите на записите с моите проповеди; забрана да използваме името „Манмин", когато установяваме нови църкви и забрана на свещените танци и възхваляващи песни. Всички тези неща бяха неприемливи за мен.

Като имах предвид това „официално писмо", аз изпратих

отговор с подробни обяснения. Добавих, че съм написал писмото, защото не намирах нищо против Божието слово и ако имаше нещо нередно, трябваше да го посочат. След няколко месеца, общото събрание ми изпрати отговор, с който заявяваше, че отхвърля твърденията ми без да се аргументира.

Лишаване от правото на изказване

Общото Събрание на църковните представители на това вероизповедание продължи два дена, от 30 април до първи май. Аз бях член на борда на представителите на събранието и също присъствах. Имаше двама члена от борда, които бяха водачи в моята църква, но не можехме да намерим мястото с моето име. Тогава разбрах, че има план за моето отлъчване от църквата. Опитах се да намеря своето име, но не го виждах никъде. Името ми го нямаше дори и в списъка с членовете на борда. Фактът че нямах място означаваше, че нямах право да говоря, но тъй като исках да им кажа истината, аз наблюдавах събранието от задните места.

Когато Общото Събрание започна на първи май, аз чух своето име. Пасторът „С", председател на комитета по проверката, започна да говори неща, които ме заклеймяваха. Бях лишен от правото на глас преди събранието и след това, те продължиха според дневния ред. Нищо от казаното за мен не беше истина, например:

"Пасторът Джейрок Лий казва, че знае кога е датата на завръщането на Христос. Това е записано на еди коя си страница от неговата книга-изповед."

Никога не съм казвал, че знам датата, на която ще се завърне Христос. Не познавам конкретната дата и разбира се, подобно нещо не е записано в моята книга, но тъй като посетителите в този момент не можеха да прочетат книгата ми, те просто вярваха на това, което им се представя и трябваше да гласуват. "Тъй като пасторът Джейрок Лий е съгрешил много, нека да го отлъчим от църквата. Моля, вдигнете ръце ако сте съгласни."

На събранието, на което се гласува моето отлъчване от църквата, повечето от тристате члена на борда напуснаха местата си и само около деветдесет члена останаха. От последните, само тридесет човека вдигнаха ръцете си и това бяха онези, които предварително се бяха съгласили да го направят. Нашите привърженици преброиха хората, които вдигнаха ръцете си и те бяха тридесет човека, но председателят обяви: „Четиридесет и осем члена вдигнаха ръцете си, което е повече от половината, с което предложението се приема." След това удари с чукчето и аз бях отлъчен, когато се бяха съгласили едва тридесет човека от общо триста члена на борда.

Счупеното чукче

Когато председателят удари с чукчето, дръжката му се счупи и то падна на пода. Очевидно, това не беше нещо обичайно. Гледката на счупеното чукче беше доказателство за неправилната присъда в очите на Бога. Аз, като жертва, нямах никакво право да се произнеса. В този момент водачът Боаз Джунхо Лий едвам успя да получи правото да говори и каза: "Всичко казано до сега е лъжа. Как може да го съдите без да го изслушате нито веднъж? Той е тук сред нас и не трябва ли да го изслушаме?"

"Тогава ще му дадем право на глас. Върни се на мястото си."

Въпреки своето обещание, председателят не ми даде възможност да се защитя. Дори и след като водачът Лий се завърна на мястото си, аз не получих право на глас и той протестира силно:

"Председателю, аз се върнах на мястото си само защото казахте, че ще дадете думата на пастор Джейрок Лий. Защо му отказвате това право?"

Председателят просто игнорира възражението на водача и всичко свърши много бързо. Само и само за да получа право на глас, аз седях там от ранни зори в продължение на седем часа, преглъщайки толкова много презрение, но не можах да говоря до края. Дори и на осъдените на смърт, дават възможност да се защитят. Дори по време на диктаторския комунистически режим, заподозрените имаха право да бъдат изслушани. На мен не ми дадоха никаква възможност да говоря, въпреки че бях погрешно отлъчен от църквата.

Жалбата, описана в Библията

В Библията се казва, че трябва да имаме поне двама свидетели дори и да обвиняваме презвитер (1 Тимотей 5:19). Когато става въпрос за служител на Бога, за пастор, те очевидно трябваше да ми дадат възможност да се защитя, но вместо това те не ми позволиха да кажа дори и една дума и ме осъдиха. На всичко отгоре, техните обвинения не бяха верни, а плод на измислици.

Когато Давид е преследван от Цар Саул, който му завиждал, Давид имал един път възможност да го убие, но не го направил и казал: *„Да не ми дава Господ да сторя това на моя господар, помазаника Господен, да сложа ръката си върху него, защото той е помазаник Господен"*. Въпреки че Бог изоставил Саул, някога той бил миропомазан от Него и само Господ можел да има работа с Неговите миропомазани служители, но те ме отлъчиха просто така, защото такава беше волята им.

Можех да го предотвратя ако един път бях казал „Да"

Някои пастори, които присъстваха на събранието ми съчувстваха много и ми даваха съветите си: "Пасторе, твоята църква се развива много бързо и започнаха да ти завиждат. Защо не кажеш един път „Да" на това, което ти казват старшите пастори? Просто кажи „Да" един път! Ако те кажат, че колата е ябълково вино, кажи „Амин" и ако кажат, че ябълковото вино е кола, кажи пак „Амин". Аз не се примирявах с несправедливостта и следвах единствено правия път. Спомних си за Данаил, когато щели да хвърлят в една клетка с лъвове, но въпреки това не се съгласил с неправдата. След това си спомних за онзи случай, когато тримата приятели на Данаил не се примиряват дори и когато ги хвърлят в пламенна пещ. Когато мислих за това, аз не разчитах на никого от този свят, а само на Бог.

След като новината беше разпространена в църквата, стотици членове отидоха при двамата пастори, които ръководиха движението за моето отлъчване, за да протестират. Освен тях, много други пастори, които знаеха истината им се обадиха и възразиха. Тогава президентът на църквата ме помоли да се срещнем. "Няма да обърна внимание на нещата, които се случиха. Кажи ми само едно нещо," каза той, "След това ще възстановя името ти и ще имаме същите взаимоотношения, както преди. Кажи ми само, че ще отговориш с „да" на деветте въпроса и ще се съгласиш с тях." Но аз не можех да се съглася с нещо, което не беше истина. Как изобщо бих могъл да приемам лъжата само от страх, че ще бъда отлъчен? Бях изпълнен с тъга и скръб, страдах цяла седмица и отслабнах с няколко килограма. Всеки път, когато си спомнях за двамата пастори, които ме заклеймиха, аз изпитвах голяма мъка и ги съжалявах. Един от пасторите, които ще нарека просто Пастор „К", който беше също така президент на вероизповеданието, често казваше: "Църквата Манмин Джуунг-анг не е ерес според Библията."

Публикувах една книга, озаглавена *Небесата ще раздадат правосъдие* и я изпратих на другите църкви в цяла Корея, независимо от тяхното вероизповедание. След като направих това, докато се молих, Бог ми каза следното:

"Би могъл да избереш да напуснеш сам вероизповеданието и по този начин да не бъдеш обезчестен чрез отлъчване, но ти не поиска да го направиш, за да не предадеш вярата си. Аз искам да имам точно такива служители или деца, като теб. Ти направи правилния избор и скоро ще бъдеш представител на църковни асоциации."

Бог ни ръководи към учредяването на нови църкви, за да избегнем необоснованите забрани и за да работим за Неговото царство с цялата си енергия. На първи юли, 1991 година, беше учредено Общото Събрание на Обединената Свята Корейска Църква и аз бях избран за нейн президент. След като преминах през голямо изпитание, чувствах, че Господ ме дарява с огромна сила.

Провеждане на изцерителни служби в цялата страна

След като бях ръкоположен за пастор през1986 година, бях поканен на много места в страната, за да ръководя изцерителни служби. От 1987 година, аз проповядвах в различни църкви, включително в градовете Поханг и Дейгу. Говорих най-вече за молитвата към Бога и защо Христос е нашият Спасител. И двете теми се съдържат в книгата „Посланието на кръста".

През втория и третия ден на службите, пасторите получаваха благословията от проповядваното слово, защото разбираха духовното му значение. За разлика от първия ден на службата, тогава ми отдаваха своите смирени благодарности.

Старши дяконът Буунхан Чо, излекувана от Херпес зостер

През март 1990 година, отидох в църквата Дейгу, където бях поканен. Имах също така възможност да посетя Старши дякона Буунхан Чо в нейния дом. Тя беше на 77 години по онова време и страдаше много от херпес зостер. По същото време, нейният внук Дяконът Джуунха Хванг работеше като медицински офицер в армията на град Джинхей докато завършваше лекарски докторат в Корейския Университет. Дяконът Джуунха Хванг изпитваше истинска вяра и няколко пъти излизаше в отпуска, за да се грижи за баба си. Тя също посещаваше църквата ни известно време и копнееше за живото слово на Бога. Старши дяконът Буунхан Чо имаше също циреи по кожата си и те се пукаха, което причиняваше сериозна форма на артрит като страничен ефект. Вирусът беше засегнал вътрешните нерви и това й причиняваше толкова много болка, че тя извиваше ден и нощ. Беше напълно обездвижена и лежеше през цялото време. Крайниците й се бяха свили и й беше много трудно да се храни и да спи. Беше станала само кожа и кости. Единствената й надежда беше да умре бързо. Естествено, страданието на близките й, които я хранеха, също беше голямо.

Аз положих ръката си върху нея и започнах да се моля. Веднага щом свърши молитвата, тя извика: "Демонът излиза навън!" и тя повдигна нагоре дясната си ръка. Тъй като херпесът беше засегнал дясната част на врата й и дясното рамо, беше още по-трудно да движи дясната си ръка. Скоро тя се изправи и почувства дяволът, причинил болестта й да я напуска. Беше напълно излекувана.

С изключение на зет й, който беше професор в Националния Университет Кионгбук в Дейгу, децата й искаха да се грижат за нея, но тя се премести в Сеул, нае малка къщичка близо до църквата и води дълго време здравословен Християнски живот, изпълнен със Святия Дух.

Въпреки възраженията срещу Обединената църква Дейгу

На 4 май, 1990 година, бях поканен да говоря на събранието в планинския център за молитви Джууахм в град Дейгу. То се провеждаше от Областното Мисионерско Обединение Кионг Санг и имаше толкова много хора, че бяха насядали даже по двата алтара. Въпреки това, не всички желаещи бяха успяли да влязат в църквата. Заради тези, които стояха отвън, ние махнахме стъклата от прозорците. Дори и членовете на хора нямаха възможност да влязат и трябваше да пеят навън. По Божия воля, присъстваха много пастори и се извършиха много изцерения.

Тъй като събранието беше много успешно, неговият организатор проведе още по-голяма среща на следващата година, когато беше наел стадиона Дейгу. Много мисионерски организации подкрепиха събранието със своите молитви. Привържениците на църквата, която ме заклейми се опитаха да осуетят срещата.

Точно една седмица преди събранието, по време на петъчната вечерна служба, Господ ми изпрати едно послание. Искането Му беше всички членове на църквата да постят следващия неделен ден, за да изгонят Сатаната. До този момент аз нямах представа какво става в Дейгу. В събота получих доклад от служителите на църквата, които бяха посетили Дейгу и разбрали за случилото се.

Представителите на църквата, която ме заклейми, изпратиха официално писмо до председателя на организационния комитет, пресата и всички други заинтересовани организации с намерението да развалят срещата като твърдяха, че съм бил обявен за еретик и съм отлъчен от църквата. След това, представителите пастори на вероизповеданието „Х", които подкрепяха събранието, изпратиха официални писма до всяка една църква със следното: "Тъй като преподобният Джейрок Лий е еретик, ще обявим за еретици всички, които подкрепят това събрание". След като направиха това, много подкрепящи организации и пастори, които се молиха за това събрание, нямаха повече никаква възможност да помогнат. Имаше много слухове, включително слухът, че срещата е отменена.

На 18 март, 1991 година, събранието започна без да имаме възможност да говорим за истината и за позициите на нашата църква. Онези подкрепящи организации, които повярваха на изпратените им писма, ни обърнаха гръб. Но въпреки натиска от страна на общото събрание, много пастори въпреки всичко участваха в процедурите по срещата. Колко благодарен бях за това! Господ разчувства сърцата на църковните членове и те отидоха в Дейгу, за да се подготвят за събранието. Накрая събранието се проведе от нашата църква, имаше много посетители и завърши с Божията благословия.

Дяволът враг се опита да отмени срещата и предизвика

много възражения, но тъй като Бог познава всички хора и техните намерения, той ни каза да се молим и да постим предварително. Накрая Той направи добро за всички.

"И тъй, какво да кажем за това? Ако Бог е откъм нас, кой ще бъде против нас? Оня, Който не пожали Своя Син, но Го предаде за всички ни, как не ще ни подари заедно с Него и всичко? Кой ще обвини Божиите избрани? Бог ли, Който ги оправдава? Кой е оня, който ще ги осъжда? Христос Исус ли, Който умря, а при това и биде възкресен от мъртвите, Който е от дясната страна на Бога, и Който ходатайствува за нас? Кой ще ни отлъчи от Христовата любов? скръб ли, или утеснение, гонение или глад, голота, беда, или нож? (защото, както е писано: „Убивани сме заради Тебе цял ден; Считани сме като овце за клане"). Не; във всичко това ставаме повече от победители чрез Този, Който ни е възлюбил." (Римляни 8:31-37).

Преместване в нова църква чрез вярата

През март 1987 година, ние не можехме да настаним растящия брой членове на църквата в нашата светиня и започнахме да се молим за преместването ни в ново и по-голямо място. В Шиндейбанг Донг, където беше учредена първата ни църква, се строеше нова сграда и ние наехме втория и третия етаж.

От 13 до 17 април, ние проведохме служба, за да отбележим преместването ни в новата сграда. Темата беше "Не ще влезе всеки, който ме нарича „Бог"" и аз проповядвах за Благословията, Святия Дух, Вярата и Вечния живот. Три месеца след тази служба, църквата с обща площ почти 1,600 квадратни ярда беше пълна с хора!

Докато викахме в молитвите си

Както и понастоящем, членовете на нашата църква се молиха по три часа всеки ден на Събранието за Вечерни молитви. Слагахме стереопор на рамките на прозорците, за да предовратим шума, но сградата не беше звуко-изолирана и не можехме да не вдигаме никакъв шум. За щастие, пред църквата имаше пазар и нямаше жилищни сгради.

Един ден, по време на едно събрание на кооператорите от една сграда, един човек повдигна въпроса за шума, който идваше от нашата църква. Тогава се обади една жена член на Асоциацията за жените и каза: "Те затварят прозорците дори и през летните дни и слагат стереопор на стъклата. Звуците от молитвите ми приличат на приспивна песен". Повече не повдигнаха този въпрос. Веднъж, един човек се оплака в полицията. Полицаят, който приел оплакването казал: "Ти спиш, а тези хора се молят за нацията без да спят. Какво ти става?" Човекът, който се оплаквал не казал нищо повече.

Преодоляване на кризи с Божията благословия

Господ не искаше от нас просто да седим и да се примиряваме с тогавашното състояние на нещата. Той ни подложи на изпитание, което ни позволи да се преместим на по-голямо място. През април, 1988 година, не само помещенията на църквата, но и служебните помещения, стълбищата и коридорът се пълнеха с хора, които идваха да присъстват на службите. По онова време в мазето на същата сграда имаше супермаркети. Тъй като продажбите не вървяха добре, магазините затваряха един по един. Ние имахме договор за купуване на мазето, но изведнъж търговците от пазара и хората, живеещи там се противопоставиха. Те разпространяваха фалшиви скухове, че църквата се опитваше да изгони търговците от местата им.

Тези хора вършеха шамански ритуали пред вратите на църквата в неделните дни и удряха силно на традиционните корейски барабани. Дори и да викахме полицията, полицаите идваха на проверка едва когато всичко беше вече приключило. Зад това стоеше градската управа. По онова време, господин „С", който беше член на партията от опозицията, посети нашата църква няколко пъти и говори с мен. Той получи моята молитва преди изборите и ги спечели. След това кандидатът от партията на мнозинството, който загуби изборите мислеше, че след като нашата църква е подкрепила опозицията, за него ще бъде трудно да спечели следващите избори. Поради тази причина, той използва своето влияние в местната градска управа и полицията, за да изгони църквата ни. Трябваше да мине много време преди да мога да разбера ситуацията. Членовете на църквата казваха, че не бяха повече в състояние да търпят положението и искаха да отидат в градската управа, за да протестират. Искаха също да предприемат и правни мерки, но аз ги разубедих от това. Убедих ги само с Божието слово, което казва да отвърнем с на злото с добро.

Членовете на църквата ме послушаха. Те понесоха възраженията на местните жители и се опитваха да им служат. Но с течение на времето, тормозът ставаше по-голям. Местният център „Донг", местната управа, представители на общината, председателката на асоциацията на жените и дори жителите от третата възраст бяха доведени, за да протестират и да осуетят църковната служба, а пожарникарите идваха всеки ден, за да проверяват противопожарните мерки за сигурност и да ни създават проблеми.

Коленичих пред Бога, за да се моля. Един ден чух, че онези, които се стремяха да прогонят църквата, искаха да ме видят. Когато отидох в залата за събрания на местната управа, там имаше около десет представителя на различни сектори от района.

"Пасторе, спаси ни! Толкова много страдаме. Чувстваме се сякаш потъваме в ада." "Ние също искаме да се махнем от тук, но не разполагаме нито с друго голямо място, нито с пари." "Пасторе, колко пари ще ти трябват, за да преместиш църквата си?"

Те ми разказаха своята история и аз можех да видя Божието участие в нея. Сред онези, които бяха в първите редици на протестите срещу нашата църква и искаха да я изгонят от района, имаше много, които внезапно се разболяли от различни болести. Слуховете за това се разпространили много бързо. Някои хора се уплашили, когато чули новините. Онези, които били най-активни в действията си срещу нас, имали усещането, че пропадат в ада. Тъй като не можели да понесат страха, искали да се срещнат с мен. Дадоха ни 300 милиона вона (300,000 американски долара) и това беше сумата, от която се нуждаехме, за да се преместим в друга сграда. Ние не разполагахме дори и с няколко десетки хиляди долара и това беше голяма сума за нас.

Когато цар Авимелех взел Сара, защото мислил, че тя е била сестра на Авраам, Бог се явил в съня му, казал му, че Сара е жена на Авраам и му заповядал да я изпрати обратно. Авимелех не само изпратил Сара обратно, но изпратил също овце, крави и роби на Авраам (Битие 20). Когато Господ се постарал, Авраам преодолял кризата и бил добре. По същия начин, нашата църква преодоля кризата чрез Божията намеса.

Пред нас имаше земя, приготвена от Бога

Ние се молихме: "Господи, дай ни земя с повече от 54,000 квадратни фута." Близо до църквата имаше сграда с около 6,000 квадратни ярда и ние се молихме усилено да се пренесем в нея. Един ден през 1990 година, Академията за въздушни сили, разположена в парка Борамей обяви, че се премества и това място ще стане парк. Градската управа на Сеул искаше да продаде земята на частни инвеститори. Тогава осъзнах, че Господ е подготвил за нас едно парче земя в парка Борамей и от това щеше да има големи предимства. Поради тази причина, Господ ме заведе в Шиндейбанг Донг, за да открия църквата. Когато се молихме да отидем в парка Борамей, Господ ни каза: "Аз ви дадох земята, отидете да я вземете. Цялото ви паство трябва да вярва силно. Когато спечелите благословената земя, аз ще се заема с всичко." Нашата църква също участваше в търга, но беше трудно да се закупят дори и 4,000 квадратни ярда земя с вярата на нашите църковни членове по онова време. Имаше голям брой представители, които показваха вярата си.

Бог повел хората от Израел към земята на Канаан, но те не могли да отидат, защото не се подчинили. Само техните деца могли да стигнат земята. Тъй като не бяхме в състояние да покажем вярата си, както трябваше, Бог ни поведе към друго място в Гуро Донг. Беше приготвил една сграда в индустриална зона с около 10,000 квадратни ярда.

Служба в чест на новата църква и продължителни безредици

Индустриалният комплекс Гуро беше мястото, което водеше Корея по пътя на индустриализацията. По онова време там имаше много фабрики. Нашата четвърта църква, църквата Гуро Донг, всъщност представляваше фирма, наречена Шин Ей Електроникс. Аз говорих с нейния собственик, преди фирмата да обяви банкрут.

Той ми каза: "Пасторе, бих искал да построим заедно църквата Манмин Джуунг-анг." Той тъкмо ме беше срещнал и вече искаше да изградим заедно църквата Манмин Джуунг-анг. Аз повярвах на думите му и му отговорих с „Амин". По-късно фирмата Шин Ей Електроникс фалира и собственикът избяга в Съединените Щати. Старши дяконът Шин Ей Хион взе неговото място, но поради многото дългове и трудовата стачка на работниците, които изискваха своите заплати, тя преминаваше през труден период и се молеше фирменото сдружение да се използва за целите на Божието царство чрез някой от малкото добре известни пастори. По това време, тя получи отговор от Бога, който й казваше: *"Дай земята на преподобния Джейрок Лий, когото обичам"*. След като разпита за мене, накрая ме намери. Когато получих нейното обаждане, аз отидох на мястото, където провеждаше служби, за да я поздравя лично. Тя се намираше в Йонгсан и в нейната църква бях излекуван от Бога през 1974. След това я бях видял официално само един път. Никога от тогава не се бяхме срещали и изобщо не си спомняше за мен.

Описа ми всичките перипетии през които беше преминала, за да ме намери. Господ разчувства сърцето ми и решихме да купим това сдружение. Нуждаехме се от 10 билиона вона (10 милиона американски долара) и за да решим веднага проблема с работниците, имахме нужда от още 2 билиона вона (2 милиона американски долари).

Служба в чест на новата църква

На 10 февруари, 1991 година, ние напуснахме църквата в Шиндейбанг Донг, за да се преместим в Гуро Донг и направихме по този случай тържествена служба. Изплатихме дълговете и неплатените заплати. След това започнахме да обновяваме сградата за целите на църквата.

Когато се преместихме, ние имахме само 300 милиона вона (300,000 американски долара), които взехме от старата сграда. Погледнато реално върху нещата, не можехме да направим нито една крачка за ръководството на толкова много членове. Но тъй като бяхме сигурни в Божията подкрепа, ние тръгнахме с вяра. Една година след като се бяхме настанили, банката отново обяви търг, но ние нямахме парите. Банковите служители казаха: "Вие от църквата, вече разрешихте големи трудности на фирмата, която имаше проблеми със синдикатите и похарчихте много средства, за да превърнете сградата в църква. Кой мислите, че ще спекулира на тази земя?" Казаха ни да я купим, когато паднат цените, но реалността беше друга. Една конкретна фирма закупи земята като част от своя спекулативен план с недвижимата собственост и ни казаха да изпразним сградата. Естествено, ние не разполагахме с друго място и нямаше къде другаде да отидем.

На 15 февруари, 1992 година, фирмата, която закупи земята, доведе около сто изпълнителя и изкара навън принадлежностите на църквата. Някои от църковните служители даже бяха набити докато се опитвали да ги спрат. Разбира се, фирмата започна наказателно дело срещу нас с твърдението, че сме нарушили закона. Сред всичко това, Господ накара членовете на църквата да я обичат и да се молят още повече. Той разчувства сърцата на тези, които бяха купили земята и те подписаха нов договор с нас. Тогава започнахме да изплащаме цената на земята .

Протести срещу Евангелистката кампания в Сеул

От 18 до 21 май, 1992 година, „Евангелистката кампания в Сеул" се провеждаше в нашата църква от „1995 Национален Организационен Комитет за Обединение и Юбилейна Акция". Тя се провеждаше от Националното

Евангелистко Движение с подкрепата на *Кукмин Илбо*, Радиопредаване за Далечния Изток, Християнската Радиопрограма, *Християнския Вестник, Вестника на Корейската Църква* и полицейската служба Чаплан. Дяволът враг отново се готвеше да провали тази среща.

Щяха да присъстват някои много известни пастори, включително пасторът Хион Гион Шин и Джейчул Хонг, които щяха да бъдат оратори. Върху тях се оказваше натиск да не говорят на събранието. Отново присъстваха онези, които казваха, че съм еретик и че съм бил отлъчен от вероизповеданието на църквата. Ако бяха говорили на тази среща, щяха да имат неприятности в бъдеще. Но ораторите знаеха, че бях пастор, който следваше вярата според евангелието с любов към Исус Христос и не се повлияха. Срещата се проведе успешно с помощта на Святия Дух. От 14 до 17 септември през същата година, в нашата църква бе проведена „Евангелистката Обединена Акция на Гражданите в Сеул" от Корейската Християнска Асоциация за Изцерение и осем пастора, включително пастора Джонгман Лий, който беше оратор на събранието.

Спогодба със Святото Вероизповедание (Анянг)

През февруари 1992 година, Святата Корейска Християнска Църква - вероизповеданието, което ме заклейми, започна да предприема мерки срещу нашата църква, тъй като имахме бързо нарастващо независимо вероизповедание. Пастор „Й", който тогава беше президент на това вероизповедание често разпространяваше фалшиви слухове на Християнския Корейски Съвет и на пресата. Неговото злословене представляваше не само клевета, но причиняваше големи щети на духовенството за проповядване на евангелието. В крайна сметка взехме решение нашата църква да съди пастор „Й" за клевета.

Пастор „Й" сега трябваше да плати глоба и да отиде в затвора. Той беше отчаян и няколко пъти ни помоли да отменим съдебния процес чрез моя учител от духовната семинария, пасторът Тейкгу Сохн. Пастор Тейкгу Сохн също настояваше за отмяна на делото и искаше да се помирим, особено след като пастор „Й" обеща, че никога повече няма да участва в църковни асоциации и ще се съсредоточи върху своето духовенство.

Пастор „Й" беше доста възрастен и ми беше жал за него. Когато се съгласих да приема искането на пастора Тейкгу Сохн за отмяна на делото, адвокатът, който беше нает по случая се противопостави категорично. Съветът му беше: "Не трябва да се отказваш от този съдебен процес сега. Аз разследвах техните предишни дейности и ако сега не разрешим въпроса категорично, те отново ще предизвикат проблеми." Въпреки несъгласието на адвоката, аз подписах договора за взаимна спогодба и се отказах от делото.

Беше 20 април, 1993 година, когато двамата се срещнахме и подписахме споразумението. Все още пазим писмото. Пасторът „Й" подписа споразумението с думите: "Съжалявам, че разпространявах материали и клеветях срещу преподобния Джейрок Лий и църквата Манмин Джуунг-анг. Ще направя всичко възможно, за да не извършвам подобни деяния в бъдеще и ще се съсредоточа основно върху моето духовенство." Ние се отказахме от делото и му простихме, но както беше предвидил адвокатът, вместо да ни благодари, той продължи да уронва престижа на църквата ни с извинението: "Моите извинения не бяха като президент на вероизповеданието, а само на лично ниво."

Ерес според Библията

Поради бързото изцерение станах много известен, но някои хора считаха, че съм еретик заради заклеймяването ми от страна на Корейската Свята Християнска Църква. Онези, които не ме познават, които никога не са слушали моите проповеди и не са идвали в църквата, могат да съдят за мен само по това, което чуят от хората около тях. Дори в Библията, апостол Пол, който обичал толкова много Исус Христос и проповядвал евангелието с всички сили е бил преследван и заклеймяван като „луд", „истинска напаст" и „водач на назарейската ерес" (Деяния 24:5).

В този смисъл би трябвало да обърнем внимание какво е ерес според Библията. В 2 Петрово 2:1 е написано: *"Но имало е лъжливи пророци между людете, както и между вас ще има лъжливи учители, които ще въведат тайно гибелни ереси, като се отричат даже от Господаря,*

Който ги е купил, та ще навлекат на себе си бърза погибел." Тук с фразата „Господаря, Който ги е купил" се има предвид Исус Христос. Следователно, преди Христос да бъде разпънат, преди да възкръсне и преди да завърши Своето задължение на Спасител, в Библията няма такава дума като ерес. По някаква причина няма такава дума като „ерес" в Стария Завет и в четирите Евангелия, а именно Евангелията на Матей, Марко, Лука и Йоан.

В четирите Евангелия, дори писарите, фарисеите, свещениците и висшите духовници не използват думата „ерес" даже, когато преследват Христос. Едва когато Христос възкръсва и изпълнява Своята мисия като Спасител, се появяват онези, които се отричат от своя „Господар, който ги е купил" и едва в книгата на 2 Петрово, Библията предупреждава за хората еретици. Името на Исус означава: „Този, който ще спаси людете си от греховете им" (Матей 1:21) и Христос означава „Миропомазан". Единствено след разпъването на кръст на Исус и след Неговото възкръсване, Той е изпълнил Своето задължение като Христос и става наш Спасител.

Поради това, когато завършваме нашите молитви, вместо да казваме: „В името на Господ се моля," в духовно отношение би било по-правилно да кажем: „Моля се в името на Исус Христос". В 1 Йоаново 2:22 е написано: *Кой е лъжец, освен оня, който отрича, че Исус е Христос? той е антихрист, който се отрича от Отца и от Сина."* Следователно, ако отречем Господ и Триединството (Господ баща, Синът Исус Христос и Святия Дух), това би трябвало да представлява ерес. Не е правилно да осъждаме лекомислено или да критикуваме един човек или една църква, защото вярва в Бащата Господ и приема Исус

Христос като Спасител.

Да осъждаме една църква, където стават деянията на Святия Дух в името на Исус Христос означава да осъдим и да застанем срещу Святия Дух, а Библията ни предупреждава, че този грях никога не може да бъде простен. Светият Дух е един от Триединния Бог и ако хората казват, че деянията на Святия Дух са деяния на дявола, това означава, че обявяват Господ за дявол и еретик и как могат тези хора да бъдат спасени? След Матей 12:22 нататък, Христос изцерява човек, който е оставен от дявола сляп и глух. Тогава Фарисеите осъждат Христос с думите: *"Тоя не изгонва бесовете, освен чрез началника на бесовете, Веелзевула."* Христос отговоря: *"Затова ви казвам: Всеки грях и хула ще се прости на човеците; но хулата против Духа няма да се прости. И ако някой каже дума против Човешкия син, ще му се прости; но ако някой каже дума против Светия Дух, няма да му се прости, нито в тоя свят {Или: век.}*, нито в бъдещия."* (Матей 12:31-32).

Когато Фарисеите осъждат деянията на Святия Дух, показани от Христос чрез Божията сила, те имат за цел да осквернят делата Му. Това е бил толкова тежък и непростим грях, че не са могли да бъдат спасени.

Изпитание, свързано със смъртоносен кръвоизлив

През юни, 1992 година, след като преминах през много трудности в църквата, за които не можех да говоря с никого, дълго време не си почивах изобщо и много дни не бях в състояние да спя. Нямах абсолютно никакви сили от изтощение. Освен това, някои от помощник пасторите и работниците спряха да се молят, продължаваха да показват неподчинение и накрая Господ ни подложи на изпитание. Тъй като поемах прекалено много бреме върху себе си, аз рискувах кръвоизлив в мозъка. Когато църковните членове се разболяваха, аз се молих за тях. Но какво щеше да се случи ако самият аз легнех болен с кръвоизлив на мозъка? Господ приготви така нещата, че когато получих мозъчен кръвоизлив, Той спука голям кръвоносен съд в носа ми, за да изтече кръвта.

Беше събота - 13 юни, 1992 година. Трябваше да

извърша едно сватбено богослужение и се приготвях да излизам. Изведнъж от носа ми започна да тече кръв и помолих друг пастор да ме замести на сватбата. Имах кръвоизлив през носа и устата, който продължи час и половина през следобеда. Вечерта кръвоизливът се повтори за повече от час и трябваше да седя с наклонена глава. Ако вдигнех главата си, кръвта веднага щеше да слезе в задната част на гърлото ми и щях да се задуша.

В неделя сутринта, тъкмо щях да се измия в банята, когато започнах да кървя отново и не можах да отида на църква. Голямо количество кръв излизаше от носа ми и се стичаше по врата. Докато кървях се чудех, откъде излизаше толкова много кръв.

Повече от сто помощник пастори и църковни служители чуха новините от църквата и дойдиха в моето жилище. Отначало някои хора ми помагаха да попия кръвта със салфетки и хавлиени кърпи, но тъй като кръвта не спираше, а продължаваше да тече, те не можеха да се справят с тези средства и сложиха един леген пред мен. Всички знаеха, че моята вяра не позволяваше да се осланям на никакви светски методи и никой от присъстващите не се осмеляваше да говори за болница.

Изведнъж ми се прииска да слушам химни и помолих за това останалите. Някой влезе и започна да пее химни. Докато слушах песните, сърцето ми се изпълни със спокойствие и много исках да се изкача на небето. Постепенно започнах да губя сили и съзнание, но чувствах, че духът ми се прояснаваше и се изпълваше със Святия Дух.

На кръстопътя между Живота и Смъртта

В този момент, изпълнен с ясно вдъхновение, Бог ми позволи да знам точното състояние на духа на хората, които бяха около мен. Помолих ги да прогонят арогантността и безверието от сърцата си, които Господ не обича и казах своята последна воля на близките си. По-късно разбрах, че цялото паство на църквата е започнало да се моли за мен.

Пулсът ми спря и аз спрях да дишам. В момента, в който загубих съзнание, аз почувствах духът ми да напуска тялото. Чух водачът Боаз Лий и останалите, които бяха около мен да плачат и да се молят: "Господи, нека нашият пастор се съживи отново!". Казаха ми, че когато докоснали китката ми не съм имал пулс и гърдите ми са били студени. В този момент, Господ дойде при мен.

"Служительо Мой, ще дойдеш ли при Мен или ще се върнеш да изпълняваш своите задължения?"

"Господи, аз искам да бъда до Теб."

По това време ние живеехме в къща под наем. Нямах собствено жилище, нито спестени пари в банката. Въпреки това, аз не се притеснявах за своите близки, а исках да отида на небето. Тогава Господ ми показа две сцени. Когато отидох при Бога, дяволът враг покоси църквата ни. Светинята ни се срутваше, много от вярващите се превърнаха в блуждаещи овце и се върнаха в техния свят по пътя на смъртта. Някои членове вървяха към небесните врати с постене и молитви, но по-голяма част от паството загуби своя път и тръгнаха към земния свят по пътя на ада.

В този момент дойдох в съзнание.

"Господи, позволи ми да се върна. Искам да дойда преди теб с членовете на нашата църква след като построим Великата Светиня."

Молих се, изпълнен с желание и любов. В този момент, отгоре дойде светлина и аз се почувствах изключително силен. Седнах изправен в един момент и поисках вода. По-късно разбрах, че водата, която съм пил, в тялото ми е станала кръв. Изправих се и отидох във всекидневната. Някои от членовете, за които нямаше място в стаята ми, стояха там, молиха се и плачеха. Бяха много изненадани, но щастливи да ме видят. Подадох ръка на всеки от тях и им говорих. Лицето ми възвърна цвета си. По нищо не си личеше, че съм имал смъртоносен кръвоизлив. Бях дошъл в перфектно съзнание и нямам подробни спомени. Спомням си само казаното от другите хора.

След този случай, аз пих вода, когато кървях. Обикновено пих безалхоколни вместо вода, но исках да пия повече вода. Кръвоизливът беше толкова силен, че можех да умра ако не се направеше кръвопреливане. Но тъй като Господ беше превърнал водата във вино, аз вярвах, че водата можеше да се превърне в кръв чрез Божията сила всеки път, когато пиех вода. Знаех, че моят кръвоизлив беше Божие провидение и не исках изобщо да разчитам на светската медицина. Изпитвах абсолютна вяра и доверие във всемогъщия Господ и оставих всичко в Неговите ръце.

Нямах ни най-малко желание да отида в болницата, за да продължа да живея. Ако Бог искаше да вземе душата ми, аз нямах основания да се опитвам да живея. Само ако това е Божията воля, аз бих искал да избера смъртта. Познавах всемогъщия Бог по-добре от всеки друг. Бях излекувал толкова много болни хора чрез Неговата сила. Ако аз не можех да се излекувам с вяра, как можех да поучавам паството да повярва в Божието изцеление? Поради тази причина, предпочитах да умра вместо да разчитам на лекарите. Аз посрещнах смъртта щастлив, съобщих спокойно своята последна воля на близките ми, но Бог не искаше да умра и ми върна живота в един миг.

Преминах изпитанието на Авраам

Вечерта, когато кръвоизливът спря, аз вечерях и отидох до моето място за молитви. Същата нощ кървях отново в продължение на час и половина, както и на следващата сутрин. Не можех да ям или да си легна. Ако легнех, кръвта в сърцето ми щеше да потече надолу, затова трябваше да седя на една страна с наведена глава. В неделя аз все още бях в моето място за молитви. Имах една видео касетка от служба с проповед „Бащата Бог", която бях проповядвал преди. Когато настъпи моментът за „Молитва за болните", аз хванах главата си с две ръце, получих молитвата и в този момент кръвоизливът спря напълно. След това преживяване аз още веднъж се уверих и се удивих колко могъща е молитвата за болните.

Изчислих продължителността в часове на моя кръвоизлив. В течение на 8 дни, в 30 различни случая, аз кървях в продължение на 24 часа. Това време е достатъчно да изтече всичката кръв на човека няколко пъти. Когато кървях, аз пиех вода и тази вода се превръщаше в кръв и това продължи осем дни. Господ ме подложи на изпитание осем дни, но аз никога не се оплаках и не изпитвах омраза като Йов. Аз бях единствено благодарен. Въпреки че трябваше да умра, щях да отида при Бога и да живея щастливо в небесното царство. Нямаше причина за мен да бъда нещастен.

Тъй като кървях, когато легнех, трябваше да седя през цялото време с наведена глава. Мислих за много неща. Господ ми даде много власт, но аз не ръководих, както трябва паството към вярата, не контролирах редовно работниците и все още не бяхме построили църквата. Колкото повече мислих, толкова повече съжалявах пред Бога. Изкарах осем дни без да спя и сърцето ми беше изпълнено с разкаяние пред Господ.

Тъй като с благодарност очаквах да напусна живота си по искането на Бога, Той ме излекува за осем дни. По-късно Бог ми даде да разбера, че точно както Авраам е издържал изпитанието да пожертва единствения си син Исаак, аз също преминах през изпитанието да отдам живота си. Когато преминах успешно това изпитание, доверието на Бога в мен се увеличи и Той ме благослови да покажа още знамения. Този инцидент даде възможност на църковните служители да се събудят отново и църквата беше построена върху стабилна основа.

Въпреки че предупреждавах за близкия край на света

През 1984 година, след откриването на нашата църква, аз проповядвах за знаменията, показващи края на света, които бях разбрал с Божието вдъхновение. Давах обяснения за отношенията между Северна и Южна Корея, за числото „666" и за Обединението на Европа и т.н. Но взаимоотношенията между Северна и Южна Корея не бяха най-добрите и дори кредитните карти не бяха едни и същи, затова членовете не бяха запознати с това, което им обяснявах.

Христос изразява тревогата си с думите: "Когато Синът на Хората дойде, ще намери ли Той вяра на земята?". Правих всичко възможно да посадя у вярващите завинаги семето на истинската вяра, но когато проповядвах за знаменията, свързани с края на времената, хората считаха, че поставям краен срок на историята. Моите статии бяха публикувани във вестниците, списанията и се излъчваха по радио програмите. Отново станах известен.

В някои от публикуваните статии имаше неща, които не бях казал и един пастор „Л", който твърдеше, че краят на света ще настъпи скоро каза, че мислим еднакво. В по-голяма част от пресата имаше положителни статии за мен, но един човек, господин „Т" от едно месечно списание ме критикуваше, защото аз претендирах да знам деня на Божието завръщане. Тъй като всичко ще бъде разкрито, когато му дойде времето, аз не предприех правни действия срещу него и не съм се оправдавал.

Всички мои проповеди са записани и се продават. След откриването на църквата, аз винаги казвах на паството да бъдат будни в своя Християнски живот, както будни са били петте мъдри девици, описани в 25 глава от Евангелието на Матей. Следват части от някои мои проповеди от началото и средата на 1992 година, които илюстрират моето поучение по въпроса.

"Днес, някои от вас са прочели разни книги или са чули от други хора и вярвате ли наистина, твърдите ли, че Бог ще дойде на десети или двадесет и осми октомври? Не правете това! Чули ли сте ме някога да говоря за 1992 година? Не сте. Учил съм ви винаги единствено на Божието слово, учил съм ви да прогоните греховете, да живеете праведно като Бога, да бъдете украсени като красива невяста с моите сълзи и молитви. Въпреки, че Господ идва утре, аз ви учих, че трябва да посадим едно ябълково дърво днес."(Откъс от неделната служба на 19 януари, „Бъди буден")

"В Матей, глава 24, учениците питат Господа за Неговото идване и знаменията за последните дни. Христос им обяснява за знаменията, свързани с Неговото завръщане. Затова познаваме знаците за края на времената...Някои от хората, които твърдят, че това ще стане през октомври 1992, са измамени, а за други се твърди, че са луди. Какво мислите? Ако обичате Бог и познавате Неговата воля, вие не трябва да имате нищо общо с тези твърдения. Не трябва да слушате такива твърдения. Ще бъдем спасени с вярата, без да знаем кога, в кой ден и в кой месец, Господ ще дойде отново. Христос е нашият Спасител и Той изкупува греховете ни, за да ни бъдат опростени чрез вярата, да станем деца на Бога и да отидем в небесното царство. Някои казват, че можем да бъдем спасени единствено ако знаем и вярваме деня и месеца. Колко смешно е това! Това изобщо не е така според Библията." (Откъс от неделната служба на 31 май, 1992 година, „Какъв ще бъде знакът?")

Глава 7

Господ разшири границите на духовенството

Отвориха се вратите на Световния Евангелизъм

Световното Евангелистко движение за Святия Дух

През май, 1992 година, бях поканен на годишното национално събиране за закуска, където присъстваха президентът и други важни политици. Отидох там с нашия оркестър Ниси. През същата година, на 14 и 15 август, взех участие в световното движение за Святия дух на площад Йоиду. Това световно движение за Святия дух се провеждаше под надслов „Светът на Святия дух" и представляваше мероприятие с огромен мащаб, на което присъстваха повече от един милион души. Нашата църква участваше с хор от двеста души, оркестърът Ниси и 400 църковни членове, които работиха като доброволци за регулиране на пътникопотока и сигурността на движението.

По време на срещата видях пастора Гвангсам Рах, който

беше президент на Клуба за Святия дух във Вашингтон и постоянен председател на Евангелисткото движение за Святия дух. Бяхме съученици във висшето училище и той провеждаше своето духовенство във Вашингтон. Не го бях виждал след нашето завършване и се срещнахме там като пастори.

Той ми каза, че нямал представа от коя църква са доброволците и бил изненадан да разбере, че идват от моята църква. Чрез тази среща, моето духовенство беше разпространено на американския континент.

Обединено Евангелистко движение във Вашингтон

През 1993 година, Бог отвори широко вратите на световната мисия. Бях помолен да говоря за Обединеното Евангелистко движение на Вашингтон, организирано от Корейската Църковна Асоциация във Вашингтон от 6 до 8 август, 1993 година. Бях получил много молби да ръководя събранията и в други страни, но не бях в състояние да откликна. Тъй като ставаше въпрос за столицата на Съединените Щати, аз почувствах Божието провидение и реших да отида.

Организаторите на Обединеното движение във Вашингтон казаха, че са подготвили събранието с намерението да разпространят вярата сред корейците, живеещи там и да променят живота им чрез делата на Святия дух. Срещата беше проведена в гимнастическия салон на Висшето училище Уийтън със спонсорството на Североизточното сдружение от 180 църкви включително църкви от Вашингтон, Ню Йорк и Балтимор. Беше изпълнено със Святия дух цели три дни.

На първия ден, проповядвах „Посланието на кръста", на втория ден – „Физическа и духовна вяра" и на третия ден – „Благословията на Вечния живот"." Посетителите жадуваха смирени за словото и приеха проповедите с „Амин".

Подтиквах хората да живеят праведно

След успешното завършване на събранието във Вашингтон, бях поканен отново като оратор и почетен президент на „1993 Евангелистко движение в Лос Анжелос", което беше организирано от Корейската асоциация в Корейския град по случай двадесетия „Ден на Корейския град" на 19 септември, същата година. Преди тази мисия, Господ ми позволи да се подготвя за нея с много молитви. Прекарах много време в молитви за тази среща. Подготвях се три седмици на моето място за молитви в планината.

Организаторите на „Евангелисткото движение на Лос Анжелос" ме помолиха да извърша утешителна проповед за корейците, живеещи там, но не го направих. Това, от което се нуждаеха, не беше утеха. Нуждаеха се от разкаяние за това, че не живееха праведен Християнски живот, трябваше да спазват благочестиво Божия ден и да живеят праведно.

На 29 април, 1992 година, в района на Лос Анжелос имаше банди на афро-американци и Корейците живееха с дълбоки рани и със страха от преследване. Всичко започна с расовата дискриминация между белите и черните, но постепенно бандите започнаха да крадат и да палят корейските магазини. Много корейски семейства пострадаха физически и психически.

Библията ни учи, че ако спазваме словото, ако живеем без лъжи и вярваме силно, нашата душа ще просперира, всичко ще бъде наред в живота ни и ще бъдем здрави. По-точно, ако прилагаме на практика Божието слово, ще бъдем защитени от всякакви инциденти и бедствия. Използвах един откъс от Деяния 4:11-12, с тема на проповедта: "Защо Христос е нашият единствен Спасител?" Проповядвах посланието на кръста и се опитвах да им внуша вярата. Подтиквах ги да станат истински християни, които спазват Божието слово преди всичко.

Бях поканен също в една църква в Ървин и извърших проповед. След всички събрания, на 21 септември, посетих Градския съвет на Лос Анжелос. Членовете на Съвета прекъснаха за момент събранието и поискаха да се моля и аз се помолих да бъдат благословени. На този ден получих почетно гражданство в Лос Анжелос и чух, че това се случвало за първи път. Взех участие в парада на колата с цветя, която представляваше кулминацията на фестивала по случай Деня на Корея в Лос Анжелос и се возих на нея. Молитвата, която извърших беше излъчена по програмите KTAN, KATV, KTE и представена в ежедневниците Ханкуук и Джуунг-анг и тогава това беше повод да стана известен в региона. Всичко това стана по желание на Бога.

Масово излъчване на проповедите по радиото

От март 1990 година, моите проповеди започнаха да бъдат излъчвани по една програма, наречена „Далечна земя, Добри новини" на Радиото за Далечния Изток. Тя се излъчваше в Китай и в някои части на Русия. От тогава започнах да получавам благодарствени писма от много корейци в Китай и някои от тях посетиха нашата църква.

След месец август, същата година, моите проповеди се излъчваха от Корейското радио във Вашингтон. От декември, 1992 година, започнаха да се предават чрез програмата „Това евангелие" на Руското Християнско Радио, през ноември, 1993 година – от Християнското Радио Ири и в началото на февруари, 1994 година, Християнското Радио Чионгджу започна да излъчва моите проповеди всяка седмица. Всяка година нарастваше продължителността на времето, отделено за моите проповеди и всяка седмица бяха предавани повече от 900 минути. Трябваше да записвам всяка проповед и това не беше лесна задача. От 20 до 22 май, 1994 година, аз отправих послание на събранието на корейците в град Вашингтон и Балтимор, проведено от Християнско Радио Вашингтон (WCRS). След това водачът Йонг Хо Ким, CEO на WCRS ме помоли да стана председател на борда на WCRS и аз приех неговото предложение.

Много слушатели на WCRS реагираха положително и по този начин станах добре известен в района. Водачът Ким ми изпрати отговорите на много хора, които твърдяха, че посланията са евангелие. Той беше много доволен, че е получил такива добри отзиви от слушателите.

Вярата е увереност в нещата, за които се надяваме

Призната като една от петдесетте най-известни църкви в света

През февруари, 1991 година, след като се преместихме в новата църква в Гуро Донг, имахме двуседмична специална изцерителна служба. В последния ден на изцеренията по време на петъчната вечерна служба, броят на регистрираните членове надвиши 10,000. Господ ни изпрати различни хора от многообразни културни, соациални и икономически слоеве. След 6 месеца, църквата беше пълна. След три години, в църквата нямаше място за повече хора.

На 11 февруари, 1993 година, главните Корейски вестници и Християнската преса публикуваха списък на петдесетте най-известни църкви в света в американското списание „Християнски свят" и нашата църква беше една от първите петдесет. Това се случи след като бяха минали едва 20 години от нейното откриване и Бог позволи разрастването на нашата църква на световно ниво. Не бях аз, който направи това, а Господ и аз можех единствено да благодаря и да възхвалявам Бащата Бог.

Всичко, за което се молихме с надежда

В Притчи 29:18 е написано: *"Дето няма пророческо видение людете се разюздават, а който пази закона е блажен"*. Пророческо видение е това, което Бог ни позволява да узнаем чрез Неговите пророци. Ако нямаме пророчески видения, няма да се ограничаваме, ще пренебрегнем Божите закони и ще действаме според собствената си воля, а така ще тръгнем по пътя на разрушението.

Докато постих в продължение на 40 дни непосредствено преди откриването на църквата, Бог ми изпрати много сънища и видения. Господ се старае за всички нас да желаем и да действаме за Негово удовлетворение. Той ми изпрати сънища и ме ръководи. Аз се молих много, когато открия църква, Господ да я обича и да я посвети на световната мисия.

За да изпълня световната мисия, първо трябваше да възпитам служителите. Трябваше да обуча много водачи, които да бъдат праведни в очите на Бога не само за извършване на националните служби, но и за да могат да бъдат изпратени на чуждестранните мисии. Молих се за посвещението на много добри пастори. Когато посещавах духовната семинария, много студенти по теология често миеха тоалетните в църквата, изготвяха седмичните бюлетини и вършеха всякаква друга трудна работа за пасторите и църковните членове. Обикновено не получаваха никаква компенсация. Ако извършеха някоя грешка, те биваха смъмряни от страна на пасторите и в най-лошия случай биваха изгонени от църквата. Много ми беше мъчно да наблюдавам ситуацията, в която се намираха тези студенти от академията. След откриването на църквата, аз изплащах таксите за обучение и издържах студентите по теология. Исках да ги подкрепям по такъв начин, че техните сърца да не бъдат обзети от светски мисли и да израснат единствено като могъщи духовници. Бог ме подтикна към обучението на много пастори, но тъй като финансовото състояние на църквата не беше много добро, това не бе лесна задача. Понякога църковните служители, които се занимаваха с финансите, се оплакваха. Аз ги успокоявах и се опитвах да им обясня нещата, за да работят спокойно.

Също така, за да постигна световната мисия, аз имах нужда от добри екипи за възхвала и се молих за тях. Когато постих в продължение на 40 дни, аз видях някои екипи за възхвала да ръководят хвалебствията на всяка събиране. Всеки път се молих: "Господи, когато открия църквата, изпрати ми чудесни хвалебствени екипи. Гледах на това с вяра. По-късно, аз започнах да се моля не само за хвалебствени екипи, но и за оркестър, който да възвеличава Бог. В 1 Летописи 23:5 е написано: *"четири хиляди вратари, и четири хиляди да хвалят Господа с инструментите, които направих, рече Давид, за да хвалят с тях Господа."* Можем да видим, че е имало 4000 човека, които свирили на инструменти в Божия Храм. Псалм 150 ни казва да възхваляваме с тромпет, лютня и арфа, със струнни инструменти и флейта, с гръмки и звънтящи цимбали!

Молих се за Оркестъра и чаках много години за Божието ръководство. Господ извика професионални музиканти на различни инструменти. Бог им позволи да израснат и им изпрати сън. Обикновено, музикантите имат свой собствен характер и за тях не беше лесно да отстъпят своите способности в замяна на духовенството и възхваляването на Бог. Въпреки това, имаше професионални музиканти, които искаха единствено да възхваляват Господ със своите благодарности за Неговата благословия и те съставиха Оркестъра. На 1 март, 1992 година, извършихме основополагаща служба и от тогава те бяха много активни в църковните асоциации. Те свириха по време на Юбилейната кампания на площад Йойду и на други църковни събития и благотворителни концерти в страната и извън Корея.

Освен това, Господ ни даде добър хор. Понастоящем има повече от 20 възхваляващи екипи и те възхваляват Бог не само в Корея, но и в други страни.

Възхвала на Бога с Дайре и Танци

Мечтата за изпълнение на световната мисия доведе до образуване на само на възхваляващи екипи, но и на танцови състави. Медитирах върху Библията, за да разбера какво обича Бог, когато Го възхваляваме. Намерих отговора в това, което е написал Давид. Давид играе с толкова радост, когато му завръщат Господния Ковчег (2 Царе 6:12-23). Но Михала, неговата съпруга, го презряла в сърцето си и го критикувала. Тогава Давид казал: *"А Давид каза на Михала: пред Господа, Който предпочете мене пред баща ти и пред целия негов дом, за да ме постави вожд над Господните люде, над Израиля, да! пред Господа играх."* (2 Царе 6:21). Михала, която презряла Цар Давид за това, че танцувал пред Господа, била прокълната и останала бездетна до деня на смъртта си. За нас остава очевидно, че трябва да спазваме Божието слово и да Го задоволяваме вместо да се страхуваме какво ще кажат другите хора.

Те извършват магьоснически танци!

През март, 1986 година, беше съставен „Святият Танцов Състав", за да възхвалява Бог с красиви и вдъхновяващи танци, придружени от хвалебствени песни. Тяхната роля е да накарат зрителите да имат надежда за рая. Името на „Святия Танцов Състав" беше променено на „Мисионерски екип по Изкуствата".

В днешно време танците в Християнската култура са много разпространени благодарение на развитието на медиите, но по онези времена бяха рядкост. Нашата църква учреди „Възхваляващ Комитет" и „Мисионерски Комитет за Изпълнение на Изкуствата". Тяхната роля е да организират различни мероприятия и да обучават професионални певци, танцьори и музиканти. Но тъй като църквата се разрастваше бързо, имаше някои завистливи хора, които разпространяваха фалшиви слухове и лъжи. Например слухът: „Те извършват магьоснически танци" на всяка служба!". Няколко пъти в годината ние изготвяхме специални изпълнения с танци за специални случаи или празници от Библията и танцовите състави извършваха представления за паството. Бяха разпространени фалшиви слухове, че сме обхванати от злите сили и сме танцували на всяка служба.

Въпреки тези фалшиви слухове, през 1991 година, нашият „Свят Танцов Състав" беше поканен на Съветското Движение Алилуя на пастор Хион Гион Шин. Това беше първото международно представление за възхвала на Бога с танци. От тогава, танцовият състав спечели любовта и почитта на много хора със своите представления в Корея и в други страни. Неговите участници все още извършват своето духовенство за възхвала на Бога.

Признати със своя талант

Понастоящем в църквата има няколко състава по изкуствата. Те развиха своя талант и са много активни в своето духовенство. На 1 юни, 1991 година, един от нашите църковни състави взе участие в Десетия Национален Музикален Евангелистки Конкурс, реализиран от Радио предаване за Далечния Изток и нашият състав спечели Голямата Награда. На 17 юни, 1995 година, на четиринадесетия конкурс, „Хорът на Светлината" на нашата църква спечели Първо място. „Хорът на Светлината" беше съставен от трима члена по онова време и една от тях беше моята трета и най-малка дъщеря Сууджин. Господ вече я беше извикал за Негов служител, когато беше само дете, тя завърши своето образование по теология и в момента служи на църквата като пастор.

На 17 април, 1993 година, в залата Хвейтбуул имаше

концерт за Християнска музика за децата, които издържаха своите семейства и нашият оркестър Ниси беше поканен да свири. На следващата година, оркестърът Ниси беше поканен заедно с Мисионерския екип по Изкуствата и други екипи за възхвала. Те имаха представление на Специалната Служба за Възхвала за Проповядване на Прокурорите, проведена в конферентната зала на Главния Държавен Прокурор. На 6 ноември, 1993 година, „Кристалните певци" на нашата църква участваха в Четвъртия Национален Музикален Евангелистки Конкурс, реализиран от Християнската Радио Програма и спечели Първо място.

Сътрудничество в духовенствата на Църковните асоциации

Преходът и растежът между 93-94

Тъй като членовете на нашата църква присъстваха и вършеха доброволна работа на редица Християнски мероприятия, някои организации ми предлагаха високи постове. Поради това, че имаше много пастори, по-висшестоящи от мен и поради това, че исках да помагам зад сцената, аз не приех длъжностите, които ми предлагаха. Много пъти отказвах и понеже чувствах, че могат да се обидят от негативния ми отговор, аз ги помолих да понижат с едно ниво длъжността и приех техните предложения. По време на мероприятията, ако името ми беше написано на стола, аз сядах, но ако нямаше определени места, аз винаги сядах на задните места. Чувствах се неловко да седя в централната част, когато имаше толкова много по-старши пастори. Беше ми най-

По време на Световната Мисия на Светия Дух от 1992 г.

По време на Обединената мисия за евангелизация Дейджу

Мисия за евангелизация на обвинителите

Концерт и служба за евангелизация на
затворниците

Проповед по време на молитвената служба за нацията и народа

Обединена мисия Алелуя Сеул (в Централната църква Манмин)

Юбилейна мисия през 1995 г. за обединението на Южна и Северна Корея (в Йойду)

удобно на местата от последната редица. Дори и сега, аз трябва да мисля и да се съсредоточа върху Божието слово и молитвите вместо страничните занимания. Затова в редица случаи моите помощник пастори или църковни водачи участват в мероприятията от мое име. Тъй като нямам много социални контакти, не присъствам на доста срещи и имам малко контакти с другите пастори, може би някои странични наблюдатели, които не ме познават, ще си помислят, че съм арогантен човек. Но винаги, когато е трябвало да сътруднича в определено църковно мероприятие, аз правих всичко възможно за успешното му реализиране.

На 21 юни, 1993 година, извърших специалната молитвена служба за Националното Движение по Колоездене и Великото Движение Имджингак за Националната Ре-унификация. Участваха също Оркестърът Ниси, нашият хор и доброволци. От 18 до 21 октомври на същата година, в нашата църква беше проведена Евангелистката Мисия за Област Сеул за подготовката на Националното Велико Движение за Юбилейната Ре-унификация. Оратори бяха четирима известни корейски пастора и те проповядваха за обединението на разделената страна с евангелието. На 24 ноември през същата година, бях поканен за оратор на Молитвеното Събиране за Националната Ре-унификация, проведено в Планината за молитви Ханиолсан. Проповядвах за присъстващите, молих се за тях и се извършиха много изцеления.

Проявявах интерес също в Назидателна мисия за затворниците и за пуснатите скоро на свобода. На 28 февруари, 1994 година, в Презвитерианската църква Мюнг Сунг, беше проведено събиране на Второто Духовенство на Националния Назидателен Корейски Християнски Комитет от Националната Назидателна Християнска Асоциация на тема: "Слово, Любов и Назидание." Аз бях един от съвместните президенти на Асоциацията и четях откъси от Библията. Нашите църковни екипи за възхвала, нашият Оркестър Ниси и танцовите състави извършиха представление за възхвала на Бог. На 24 март през същата година, в чест на 40 годишнината от Християнската Радио Програма (CBS), в главната зала на център Седжонгбеше проведен единадесетия Фестивал на Мисионерския Хор. На този фестивал участваха нашия хор и Оркестър Ниси. На 20 юни, 1994 година, беше проведено Великото Движение Инджингак за Националната Ре-унификация от Централния Световен Евангелистки Съвет, чийто президент по онова време беше пасторът Хион Гион Шин и аз ивърших приветстващата молитва.

Президентът, пасторът Хион Гион Шин проповядва на тема: „Националната Ре-унификация чрез евангелието", с която подтикваше всички църкви да бъдат обединени независимо от тяхното вероизповедание. Стотици членове на нашата църква извършиха доброволна работа като хора, оркестъра, помощници и ръководители на потока. От 20 до 22 юни, в нашата църква беше проведено Световното Евангелистко Централно Движение за областта Сеул за Национална Ре-унификация с оратор пасторът Хомун Лий.

На 14 юли, 1994 година, на Олимпийския Стадион беше проведено Великото Движение на Сеул за Святия Дух с пастор Джонгджин Пий като президент. Райнхард Бонке извърши проповед и аз извърших Благословението. На 5 септември, същата година, участвах в движението „Християнски жени Водачи", проведено на Олимпийския

Стадион от Комитета за Национална Ре-унификация и извърших доклад за историята на организацията.

Посещение в президентския дворец Чионг Ва Дей и Юбилейно движение

На 29 юли, 1995 година, в качеството си на постоянен президент на Асоциацията за Национална Ре-унификация и Евангелисткото Движение, извърших „Специална Служба на Срещата за Молитви и Пости за Държавите и хората". Също така, на 12 август, 1995 година, 10 пастори, които бяха водачите на „Мирно Движение за Ре-унификация" в чест на 50 годишнината на Деня на Корейската Независимост, бяха поканени в президентския палат Чионг Ва Дей. Казаха ми, че ще имаме на разположение един час да говорим с президента и да направим предложения. На предишния ден, аз се молих на Господ и Го питах какво трябваше да кажа на президента, но нямаше отговор. Аз се молих за това събиране, но не бях получил никакъв отговор от Святия Дух. Беше много странно, че Святият Дух не казва нищо.

На 12 август в 11 часа сутринта, проведохме събранието в Чионг Ва Дей и аз осъзнах защо не е имало отговор за тази среща. Имахме среща с президента Янгсам Ким, но не ни беше дадено никакво време, за да говорим или да направим предложения. Президентът просто продължи да говори и срещата завърши. Ние трябваше само да се молим и да се завърнем.

Отидохме на площад Йойду, за да присъстваме на Движението за Мирна Ре-унификация от два часа следобяд. Видях как нашите църковни служители вършеха доброволна работа, свързана с регулиране на пътникопотока, паркиране и сценични работи, свързани с представлението на Оркестър Ниси.

Каква е тайната на Църковното разрастване?

Надежда и Видение на пастора Хион Гион Шин '

На 5 декември, 1994 година, бях поканен да проповядвам в Учебния Център за Изцеряване на Националната Евангелистка Асоциация и на 8 декември на в нашата църква беше проведено специалното 4,500 пряко излъчване на програмата CBS, наречено „Обнови ни" по случай 40 годишнина на CBS. Извърших проповед на тема „Истински глас", с което подтиквах радиото да изпълни своето задължение като пророк за постигане на мир и правосъдие чрез излъчваните програми. Пасторът Хион Гион Шин обичаше нашата църква. Сега е вече покойник, но той е считан за основател на Корейските изцерители и голямо величие за Корейското Християнство в продължение на повече от 40 години. Той обичаше много мене и нашата църква. Той даваше надежда и имаше видения за Корейските църкви и със своите проповеди обръщаше внимание на Святия Дух и Ре-унификацията на Корея с чудесно чувство за хумор. Много хора го обичаха независимо от тяхното вероизповедание. Тъй като знаеше, че съм бил жертва на злоупотребата с църковната власт, той посети нашата църква през октомври, 1992 година и извърши Благословението. От тогава, той присъства на няколко събития и мероприятия и ни окуражаваше със силните си проповеди.

Каква е тайната на църковното разрастване?

Много пастори, не само в Корея, но и от други страни са особено впечатлени и трогнати от спокойствието и самообладанието на църковните членове и обикновено се интересуват каква е тайната за църковното израстване. Често са ме питали: "Пасторе, аз не виждам никаква специална организация или обучение в твоята църква, каква е тайната за нейното разрастване? Как може членовете с такава охота да вършат благотворителна работа?" Наистина на нищо не съм ги учил. Те постигаха сами всичко с Божията благословия.

Съществуват различни мнения за развитието на църквата. Някои пастори казват: "Бог ни изпрати само тези членове," или "Тези размери на църквата са достатъчни." В Библията се казва, че първите църкви, с които Господ бил доволен, всеки ден увеличавали броя на спасените души. Тъй като волята на Бога е всички да получат спасение (1 Тимотей 2:4), първите църкви, които действали според Божията воля, всеки ден увеличавали своите членове

(Деяния 2:47). Бях щастлив, когато чуех за разрастването на някоя църква. Тъй като всяка сграда е изградена с кръвта на Хесус, аз се молих за тази църква и за нейния пастор.

На 23 февруари, 1995 година, Братството на Корейските пастори проведе в нашата църква 149-тата Национална конференция на Корейските пастори, на която присъстваха около 1,000 души. Проповядвах за тайната на църковното развитие. През 1996 година, на конференцията на пасторите в Хавай и на конференцията на пасторите в Аржентина, аз също проповядвах за някои от най-важните елементи на църковното разрастване.

Първо, пасторът и църквата трябва да получат любов от Бога.

В Притчи 8:17 е написано: *"Обичам, които мене обичат, и които ме търсят, ще ме намерят"*. Да обичаш Господ означава, както казва 1 Йоаново 5:3 *"Да пазим Неговите заповеди."* Христос казва също: *"Който има Моите заповеди и ги пази, той Ме люби; а който Ме люби ще бъде възлюбен от Отца Ми, и Аз ще го възлюбя, и ще явя Себе Си нему."* *(Йоаново 14:21).*

Второ, трябва да се молим.

За да имаме успешно духовенство, трябва да добием Божията сила чрез молитви. Патриарсите на вярата, които са изпълнили Божията воля, всички те са умеели да се молят. Апостолите на първите църкви са казали:

"ще се отдадем постоянно на молитви и на световното духовенство." Те оставили всички административни дела на църквата на дяконите и се концентрирали единствено върху Божието слово и молитвите. Когато се молим, трябва да викаме с пълна сила и воля (Еремия 33:3). В Битие 3:17, Господ казва на съгрешилия Адам: *"Понеже си послушал гласа на жена си и си ял от дървото, за което ти заповядах, като казах: Да не ядеш от него, то проклета да бъде земята поради тебе; със скръб ще се прехранваш от нея през всичките дни на живота си."* Така, както хората могат да пожънат реколтата едва след усилен труд и с пот на челото, нашият дух може да получи отговор единствено, когато се молим усилено с цяло сърце. Днес хиляди членове идват в църквата и се молят всяка вечер. Това се случва също в местните църкви и светилища и в частните домове по света.

Трето, трябва да изпитваме духовна вяра.

Под духовна вяра тук се има предвид вярата, получена отгоре, на която можем да се осланяме от сърце. Това е вярата за сътворяване на неща от нищото и вярата, с която нищо не е невъзможно. Не можем да притежаваме тази вяра просто защото познаваме Библията или защото сме били Християни дълго време. Господ дава тази вяра само на онези, които спазват Божието слово. В Библията е казано, че вярата без дела е мъртва. Както е написано в Матей 21:22, едва когато се молим с този вид духовна вяра, можем да получим отговор на молитвите си: *"И всичко, каквото и да поискате в молитва, като вярвате, ще получите.* " Тогава ще получим и отговора за разрастването на църквата.

Четвърто, трябва да чуем гласа и да ни поведе Святия Дух.

Святият Дух живее в сърцата на онези Божи деца, които са спасени и Святият Дух ни ръководи според Божията воля. Ако чуем ясно гласа и ръководството на Святия Дух, ще можем да видим правилния път за църковното разрастване. За да може да чуе гласа на Святия Дух, преди всичко, самият пастор трябва да се бори срещу греха и ако трябва за тази цел да пролива кръв, за да изгони всичко дяволско от сърцето си. По този начин ще отхвърли всички плътски мисли и състояния на ума, които са настроени против Бог. Дори и Божието слово да влезе в противоречие с нещо, което мислим и вярваме, ние трябва да Му се подчиним.

Пето, трябва да следваме примера на първите църкви.

В Книгата за Деянията, първите църкви свидетелстват за посланието на кръста. Те прилагат словото и демонстрират много знамения и чудеса. Тъй като редица чудодейни дела на Бога се случват чрез апостолите, много хора приемат евангелието, когато виждат чудесата и църквата се разраства много бързо.

Национални и чуждестранни мисии в голям мащаб

Започване на Мисията в Африка

През януари, 1994 година ни посети пасторът Чарлз Мейкъм от Църквата на Петдесетницата в Танзания. Той беше развълнуван от проповедта и когато се завърна в страната си, говори за мен. От 4 до 6 юли, 1994 година, аз бях оратор на Конференцията на Църковните Лидери на Африка, проведена от Асоциацията на Църквата на Петдесетницата в Танзания в столицата Дар Ес Салаам. Бях много разстроен, когато видях толкова много хора в Африка да страдат от бедност и вирусни заболявания, включително СПИН и знаех, че всички могат да бъдат освободени от всякакъв вид проклятия ако водеха здравословен живот, както духовно, така и физически и ако спазваха Божието слово.

По време на тази конференция, Господ ни показа много

чудеса. Когато нашият екип пристигна в Танзания, местните пастори казваха: "Пасторе, много е странно. Сега не вали изобщо и точно преди да дойдеш валеше много. Времето в момента е ясно и без прах. Виждаме, че Господ контролира също и времето." От деня, в който нашият екип пристигна на летището до деня, в който напуснахме страната, където и да ходихме, Бог ни покриваше с облаци в горещите слънчеви дни и нощно време ни пращаше дъжд, за да се радваме на приятно време. За да може църковните водачи да изпитват истинска вяра, аз проповядвах „Посланието на Кръста". Те разбираха Божието слово, чувстваха, че е живо и отговаряха с тяхната уникална музика, пляскане с ръце и танци. Можех да видя детското им невинно отношение. Много от тях признаха, че са били обновени и са добили вяра и самоувереност като пастори.

След конференцията, посетихме племето Масай в Танзания. Водачът и други хора от племето ни приветстваха. Когато имаха специални гости, поднасяха кръв от крава, но понеже знаеха, че Господ забранява пиенето на кръв и че няма да я изпием, вместо това ни

В селището на племето Масай

поднесоха кола.

С намерението си да им внуша вярата, аз им разказах за моята среща с Бог. В последствие моята изповед беше преведена на английски език, свахили и масай. Преподобният доктор Мионгхо Гионг я преведе на английски език. Преди своето духовенство, той е бил професор по английска литература в Университета Хосео. По-късно е имал желание да участва в мисията в Африка и установил мисионерски център в Найроби, Кения. Днес, преподобният доктор Мионгхо Гионг проповядва Святото Евангелие от пет части на 54 африкански страни, за да пробуди африканските души.

Япония, безплодна земя за Евангелието

Около същото време в Япония започнаха да се отварят вратите за евангелието. От 5 до 8 ноември, на бейзболния стадион Гошиен беше проведено Мисионерско Събиране за Изцерение Гошиен. Това беше най-големият бейзболен стадион в Япония и нашата църква „Мисионерски екип по изкуствата" се представи толкова добре, че трогна присъстващите корейски японци. „Мисионерският екип по изкуствата" беше поканен от пастора Хион Гион Шин, за да направи представление по време на Китайското Движение в Планината за Молитви Бейкду през юли, същата година.

През юли, 1994 година, пасторът Сионг Хил Рай беше изпратен в Япония като мисионер и това беше началото на нашата мисия в Япония. От 22 до 23 ноември, 1994 година, проведохме кампания в културния център Ганей Ида в Япония с около 1000 присъстващи на тема „Разлейте огъня на Святия Дух". Кампанията беше реализирана от Църквата Ида (Под духовенството на Йошикава Нобору) и подкрепена от няколко църкви в Ида. Извърших проповед на тема: „Историческите свидетелства за възкресението", подтикнах присъстващите да вярват във възкресението на Христос и да водят Християнски живот с надеждата за възкресението. На втория ден проповядвах как да срещнем живия Бог. След проповедта се молих за болните и се изпълниха много знамения чрез огъня на Святия Дух. Можех единствено да благодаря на Господ. Пасторът Йошикава Нобору, който беше председател на кампанията каза: "Много вярващи японци бяха трогнати от дълбоките духовни послания на преподобния доктор Джейрок Лий и това е доста необичайно в Япония. Много японци вярват, че изцеренията са се случвали единствено по времето на Христос. Когато чуха проповедите на преподобния доктор Джейрок Лий с божествена власт, много от присъстващите бяха излекувани и срещнаха Бог."

Спомням си един пациент, който беше излекуван на това събиране. Неговото име е Йошизава Мотохиса. Той беше претърпял операция на гърба докато работеше като инженер, но от страничните ефекти след операцията изпитвал големи трудности при ходене и го болеше много по време на службата. На първия ден, той придоби малко вяра след като чу посланието. На следващия ден, той дойде в хотела ми, за да получи молитва. Аз се молих страстно за него и когато се завърна след молитвата, вече не изпитваше болка и изкривеният му гръб се беше изправил.

Бездетни двойки получават отговори на молитвите

През февруари, 1991 година, извършихме изцерителна служба по случай преместването ни в новата църква на тема „Докато душата ти просперира". Извърших 15 проповеди за 2 седмици и освен това ръководих специални служби за болните хора.

През 1993 година започнахме да провеждаме специални двуседмични служби за изцерение. Първата двуседмична Специална служба за изцерение проведохме през май на тема „Грях, Правда и Съдба" (Йоан 16:8). Когато слушаха проповедите по два пъти на ден, един път сутрин и един път вечер – за греха, правдата и съдбата, посетителите разбраха каква бариера от грехове имаше между тях и Бога. Те погледнаха отстрани живота си и започнаха да се разкайват разридани. Разрушиха стените на греха пред Господа и изпитаха множество изцерения.

Нямаха дори представа какво е вярата, но докато слушаха всяка проповед, започнаха да усещат Святия Дух, разбраха словото и се молиха, опитваха се да живеят според казаното от Бога. Идваха много хора и от различни църкви, независимо от своето вероизповедание. Вярващите, които бяха благословени и излекувани по време на изцерителните служби, бяха изпълнени със Святия Дух и служиха по-съвестно на своите църкви. Огънят на Святия Дух излекува жените от рак на матката и рак на стомаха. Имаше много хора, които свидетелстваха за своето изцеление включително онези, които започнаха да чуват и захвърлиха слуховите си апарати, онези, които прогледнаха и захвърлиха очилата си и жените, които бяха бездетни и заченаха.

Особено специални бяха случаите на много бездетни двойки, които не можеха да имат деца след повече от пет години брак и получиха благословията на зачеването. Тъй като много бездетни двойки ме помолиха заедно да се моля за тях, на вечерната служба за изцеление на 5 май, когато се молих за болните, казах: „Нека онези, които са бездетни, да получат благословията на зачеването." Чух за много двойки на следващата година, които присъстваха на службата и след това им се родили деца. В момента има много деца, които са родени по онова време и за завършили детската градина Манмин в една и съща година.

Трябваше да водят здравословен живот

През месец май, 1994 година, проведохме Втората Двуседмична Специална Служба на тема: „Ще го сторя" (Йоан 14:13). Случиха се и много знамения на Светия Дух. Много от присъстващите на тази служба получиха божествено изцеление. Бих искал да разкажа за Джоана Парк, който беше в болница по това време след тежка автомобилна катастрофа.

На 27 май, 1993 година, Джоана Парк участвала в тежка автомобилна катастрофа между четири коли по пътя си за дома. След катастрофата изпаднала в кома и я закарали в болницата. Челюстта й била спукана и брадичката й счупена. Вътрешните й органи били увредени. Буквално била покрита с рани по цялото тяло. Поради разместването на феморалната кост, тазобедрените й стави били натрошени и подути. Десният й крак също бил парализиран и не можела да движи нито пръстите, нито глезена. Поради

Джоана Парк трябвало да остане инвалид до края на живота си
Джоана Парк напълно била излекувана и проходила на изцелителна служба
   с преподобния Джейрок Лий
Джоана Парк днес е здрава и проповядва като мисионер

нервната парализа на малкия пищял, единият й крак станал с пет сантиметра по-къс от другия. Докторите й казали, че ще остане завинаги инвалид.

На 10 май, 1994 година, Джоана Парк едвам успяла да получи разрешение от болницата да присъства на Двуседмичната Специална Изцерителна служба. Тя дойде с патерици, но когато се помолих от олтара за цялото паство, започнаха да стават изцеления. Изкривеният й крак се изправи. Тя не беше в състояние да се прозее или да отвори широко устата си, но сега не изпитваше болка да се прозява много пъти. Когато се помолих специално за нея, тя почувства огъня на Святия Дух и започна да ходи сама, без патерици. Църковните членове, които наблюдаваха чудото, бяха много радостни и започнаха да благославят Бог с бурни аплодисменти. След две седмици, тя беше прегледана в Университетската болница Нанянг. Десният й крак се беше издължил с 5 см и сега двата й крака бяха еднакво дълги.

Един път оживя едно бебе, което нямаше никакви шансове да живее. Дякон Сууним Ким роди преждевременно и малкото тежеше само 1.2 кг. Бебето се намираше в инкубатор, но кръвоносните съдове в близост до сърцето му бяха спукани и това беше причината за кръвоизлив в мозъка и слепота. Лекарите казваха, че мозъчният кръвоизлив не можеше да бъде предотвратен. Без хирургическа намеса щеше да загуби зрението си, но дори и след успешна операция, нямаше да вижда дори и с една трета от нормалното зрение на човек.

На 7 май, 1994 година, лекарите помолиха родителите да заведат вкъщи бебето, защото с нищо не можеха да помогнат. За щастие точно по това време имаше изцерителна служба и дякон Сууним Ким доведе малкото в църквата. Състоянието му беше много сериозно. След толкова лекарства и инжекции, теглото му беше стигнало един килограм и нямаше надежди за оцеляване. Бащата вече се беше примирил.

На 8 май, докато се молих страстно за бебето, Бог започна Своята работа. Замъглените зеници възвърнаха

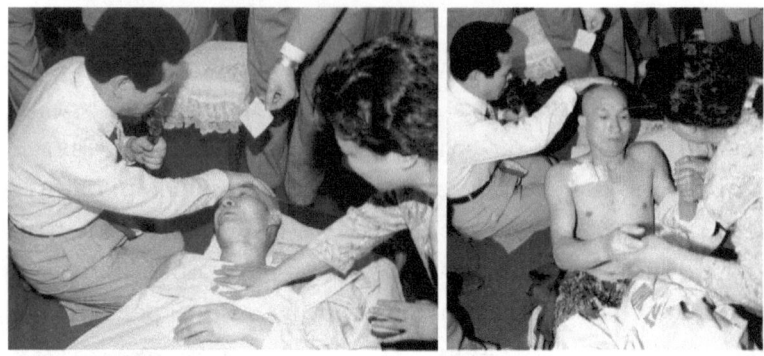

Пациент с мозъчна апоплексия се изправил след молитва

цвета си и тя започна да вижда нормално. Тя възвърна дори силата си да суче от биберон. От този момент нататък бебето започна да се храни все по-добре и растеше бързо. Казва се „Хана" и понастоящем е ученичка в основното училище.

Човек с мозъчна апоплексия

През 1995 година се проведе третата двуседмична изцерителна служба на тема „Праведните ще живеят с вярата". В последния ден на службата, по време на специалната молитва за болните, имаше известно вълнение на входа на църквата, където внесоха някого на носилка. Бяха го докарали с линейка и се намираше в критично състояние. По-късно разбрах, че това беше водачът Муунки Ким, който страдаше от мозъчна апоплексия. Един кръвоносен съд се беше пръснал в мозъка му.

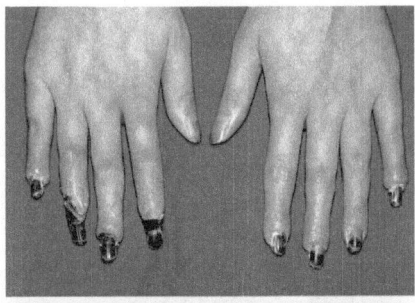

Санг-ю Лий била излекувана от нейните болни пръсти

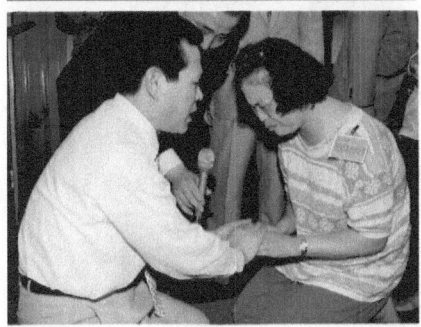

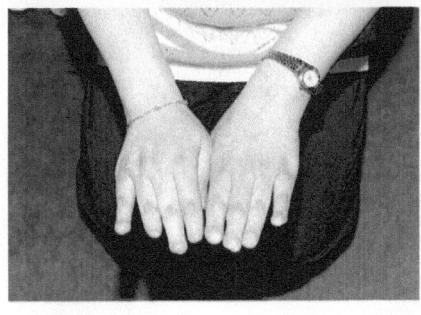

Съпругата му беше пастор. Тя ръководеше новооткрита църква и ни посещаваше от време на време, за да слуша Божието слово. Когато мъжът беше приет в болницата, докторите му давали много малки шансове да оцелее. Пасторът знаеше за изцерителната служба в църквата и доведе мъжа си с линейка, за да се излекува с молитва.

Молих се за този пациент, който беше в безсъзнание и веднага щом свърши молитвата, той се изправи. Беше като във филм. Всички, които наблюдаваха сцената, започнаха да ръкопляскат и да възхваляват Бог.

Получи изцеление точно преди ръцете й да бъдат

ампутирани

На тази служба присъстваше дяконът Санг-ее Лий, която имаше осем болни пръста, но след молитвата бяха излекувани. През зимата на 1985 година, те бяха пострадали от замръзване. Беше опитала много видове лечение включително акупунктура, но нищо не помагаше. Цялото й тяло беше обхванато от артрит. През 1990 година, когато беше в Сеул, тя посещаваше църквата за известно време, но след това се завърна в родния си град. След завръщането си, тя странеше от Бога и беше нехайна в духовния си живот.

През 1993 година, тялото й започна да се свива и вратът й беше скован. Диагнозата беше ревматичен артрит по цялото тяло и симптомите започнаха да се появяват, когато състоянието й се влоши. Два месеца по-късно постъпи в Корейската Университетска болница Гуро и с изключение на палците, бяха засегнати всички пръсти. Ръцете й почерняха до китките. Бяха засегнати не само ноктите, но и костите на пръстите. Лекарите казаха, че трябва да ампутират ръцете й до китките, за да се предотврати възпалението и насрочиха дата. Поради силната болка, дяконът Санг-ее Лий трябваше да взима много успокоителни. През май, 1994 година, точно един ден преди операцията, тя посети Двуседмичната Специална Изцерителна Служба. Тя получи молитва от мен и призна, че е почувствала силна топлина и непоносимата болка спряла. От тогава състоянието й се подобри значително, лекарите казаха, че вече не се нуждаеше от операция и можеше да си отиде вкъщи.

Възпалението спря и на мястото на обелената кожа се появи нова плът. Ноктите също се възстановиха. През месец май на 1995 година, тя отново посети Двуседмичната

Срутване на склада Сампунг

Специална Изцерителна Служба. На специалната молитва за болните на втория ден от службата, тя отново получи молитвата ми. Когато молитвата свърши, тя почувства тялото си леко и изчезна болката, причинена от ревматичния артрит. Беше напълно здрава, тялото й нямаше никакви болести и не изпитваше болка.

Срива се сградата на магазина Сампуунг

В нашата църква има организация, наречена „Мисия на светлината и солта", която е предназначена за тези, които работят в ресторантьорството и зареждането. След своето учредяване през октомври, 1985 година, групата провеждаше служби и срещи на различни места. Те се грижеха за евангелизацията в сферата на ресторантьорството и снабдяването. Тъй като членовете на тази мисия работиха и в неделните дни, те посещаваха службата след работа от 21 часа до 23 часа в неделя.

На 29 юни, 1995 година, около 6 часа следобед стана голяма катастрофа. Срути се сградата на магазина Сампуунг. Там работиха около 10 члена на нашата църква и Господ намери различни начини да ги спаси. В тази ужасна ситуация ние всички бяхме свидетели на чудото всички да бъдат спасени.

По чудо беше спасена сестрата Джинсуук Хонг, която работеше в магазина Сампуунг - заклещена от панелните блокове на третия приземен етаж. Тя работеше в барчето за закуски на трето подземно ниво в мазето. След като приключила работата, отишла в диспансера да си почине. Сградата се срутила докато била там и тя беше заклещена със сестрата в диспансера. По време на инцидента, сестрата наранила главата си и си счупила костите на краката. Тъй като не можели да виждат нищо в пълната тъмнина, те не били в състояние да намерят изхода. Чували понякога и други хора да крещят за помощ в далечината.

"Джинсуук, главата ми кърви. Когато ми проповядваше евангелието, аз не го харесах и те избягвах. Съжалявам. Господи! Съжалявам. Отсега нататък ще вярвам!" Сестрата крещяла, а Джинсуук Хонг се молила за нея, държала ръцете й и я утешавала с Божието слово. Циментовият прах във въздуха влизал в гърлото й. Сестра Хонг се молила: "Господи, изпрати ни помощ не само за мен, но и за всички тези хора, нека сградата спре да се срутва и да дишаме чист въздух."

Господ отговорил на тази молитва. Три часа след

инцидента, около девет часа следобед, те видяли светлината от едно фенерче и някой казал: „Има ли някой там?" Те извикали: "Тук!" и двама спасители дошли, когато чули гласовете им. Диспансерът бил близо до аварийния изход и за щастие аварийните изходи и стълбите не се били срутили. Когато спасителите слезли по стълбите, те чули молитвите и звука на хвалебствията. Сестрата била закарана в болницата с линейка, а Джинсуук Хонг не била ранена изобщо. На следващия ден имало репортажи за спасителите, които чули звука от песните и намерили хората.

Кой би могъл да пее в тази спешна и опасна за живота ситуация? Звукът бил звук на молитви и възхвала на Бога, който завел спасителите до мястото, където се намирали хората. Джинсуук Хонг винаги посещавала неделните служби и правила редовно дарения. Когато спазваме Божия ден и правим подходящи дарения, Господ ни закриля от инциденти и болести.

Лос Анжелос, 1995 година

Църквата преди разпадането

Преди провеждането на мисията, от 27 до 29 април, имаше акции на повече от 40 църкви в различни области и аз участвах в дейностите на Презвитерианската църква на пастор „О", който беше председател на организационния комитет. Преди да замина за Лос Анжелос, членовете на църквата ми подсигуриха пари за мисията. Преди да замина, казах на някои от служителите: "Господ ме дари с доста средства за тази мисия и считам, че те наистина са необходими за определена цел". Гореспоменатата Презвитерианска църква, където имах триднелна мисия, беше малка. Пасторът, който беше на повече от 60 години, работеше сам без ничия помощ. Службата беше малка и присъстваха само около сто човека, но аз дадох най-доброто от себе си. Много пастори на по-големи църкви

Благопожелания за Градския съвет на LA

Получаване на почетно гражданство от LA

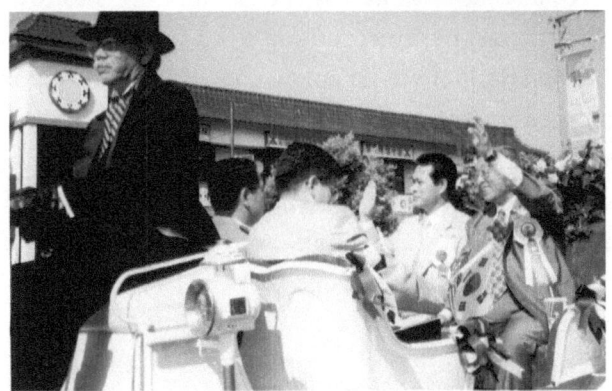

На шествието за „Деня на Корея" в LA

искаха да бъда оратор и се извиняваха, че са ме пропуснали. Вярвах, че имаше определена причина, за да ръководя тридневната мисия точно аз.

На 29 април, по време на последната служба, пасторът на църквата плачеше в молитвите си: „Господи, разреши финансовите проблеми на нашата църква, тя ще се посвети на целия свят". Вече имах доста неприятни ситуации, свързани с ролята ми на говорител, но когато чух тази молитва, сърцето ми се натъжи още повече. Господ ми казваше.

„Помогни на тази църква. Разполагаш с голяма сума за мисията, която може да дариш. Помогни на тази църква."

Когато чух тези думи, проповядвах: „Не знам в какъв размер е дългът на тази църква, но Божията църква не би трябвало да страда заради хората. Аз ще помогна малко и нека всички тук да участваме заедно". Обещах да направя дарение от 20,000 долара.

Господ ме изпрати в тази църква, защото можех да се справя с трудните ситуации. Аз не исках да бъда говорител, но сърцето ми беше изпълнено с желанието да помогна на пастора и да го успокоя. Направих всичко възможно пасторът да не се притеснява и да не губи времето си заради мен. По време на мисията, моят екип ръководеше хвалебствените молитви.

На следващия ден – неделя, 30 април, пасторът дойде при мен натъжен и каза: „Пасторе, вчера на срещата имаше хора от други църкви, които дойдоха заради тебе, но аз съм сигурен, че повече няма да дойдат. Не е нужно да ходиш в църквата, за да го видиш." Бях изненадан да чуя това и попитах какво се е случило. Каза ми, че помощник пасторът на църквата е бил скъсан на изпита по ръкополагане и се е оплаквал от настоящия пастор. Той напуснал църквата и сред водачите също имало хора, които се противопоставили. В църквата царувал хаос. Освен това, имало финансови проблеми заради дългове и членовете на църквата нямали повече сили да се борят.

Когато отидохме в църквата, не само че членовете не си бяха отишли, а беше претъпкано. Хората бяха заели всички места и лицата им светеха. Бог познаваше състоянието на тази църква и за да я спаси, Той ме изпрати там да проповядвам и да помогна финансово.

Мисионерската кампания през 1995 година

На 30 април, 1995 година в Конгресния център на Световния Евангелистки Комитет и Християнския Комитет за духовно движение между Корея и Америка се проведе Световната Мисионерска Кампания 1995 и аз бях поканен като оратор. С Божията помощ, движението на Световната мисия беше проведено успешно. Няколко дни по-късно прочетох следното в Американския Християнски вестник:

"На 30 април, около 50 лечители и повече от 8,000 вярващи се събраха заедно на изцерителна служба за обединението на расите. Преподобният Джейрок Лий, главен оратор, проповядва на тема „Нека бъдем едно" и каза: „Ние всички сме еднакви по вяра, независимо от нашата раса и култура и нека с тази обединена вяра да положим основите на световната евангелизация". Тълпата викаше мотото на тази мисия и огласяше конгресната зала: „Да проповядваме Евангелието до края на света; нека

Поканен като Почетен председател на двадесет и втория ден на Корея в LA и участник в културния център

направим този град града на ангелите, ние ще победим!"

Присъствах също на молитвата за закуска, където се бяха събрали около 300 водачи от областта на Лос Анжелос. Те оцениха високо изпълнението на нашите танцови и хвалебствени екипи и някои от тях се разплакаха.

Денят на Корейския Фестивал

През месец септември на 1995 година, присъствах като почетен председател на двадесет и втория Фестивал на Корея в корейския квартал на Лос Анжелос. Аз извърших встъпителната молитва за откриването на един паметник и изготвих молитвата за празника на „Корейската нощ". Участвах също и в Парада на цветята, който представляваше кулминацията на това мероприятие. Имаше четири коня за една специална карета с цветя, която беше за почетни гости. Чувствах се неловко пред толкова много хора, а трябваше да водя каретата. Следваха ме други превозни средства и карети.

Имаше някои безредици и проблеми, свързани с моето присъствие на това събитие като почетен представител. Корейската Асоциация в Лос Анжелос проведе събрание като издаде становище, че ще предприеме съдебни мерки срещу всички, които се опитват да разпространяват фалшиви слухове против мен, почетния представител. Дяволското дело беше предотвратено от хората, които Господ подготвяше на неочаквано място.

- Край на Книга 1 -
Следва (Книга 2)

Авторът
Д-р Джейрок Лий

Д-р Джерок Лий е роден в Муан, провинция Джионам, република Корея, през 1943 година. На двадесет години д-р Лий започва да страда от различни неизлечими болести и в продължение на седем години живее в очакване на смъртта, без надежда за оздравяване. Един ден, през пролетта на 1974 г., сестра му го завежда в една църква и когато той коленичи да се помоли, живият Бог незабавно го изцелява от всички болести.

От момента в който д-р Лий опознава живия Бог чрез това прекрасно преживяване, той започва да Го обича с цялото си сърце и душа и през 1978 година е призован да стане Божи служител. Моли се пламенно, за да може ясно да разбере и изпълни Божията воля и да се подчинява безпрекословно на Божието слово. През 1982 г. основава Централната църква Манмин в Сеул, Южна Корея, където започват да се извършват безброй Божии дела, включително чудотворни изцеления и чудеса.

През 1986 г. д-р Лий е ръкоположен за пастор на годишната среща на Святата корейска църква на Исус, а четири години по-късно, през 1990 г., неговите проповеди започват да се излъчват в Австралия, Русия, Филипините и много други страни чрез далекоизточната радиопредавателна компания, азиатската радиостанция и вашингтонското християнско радио.

Три години по-късно, през 1993 г., Централната църква Манмин е избрана от списание Християнски свят (САЩ) като една от 50-те водещи световни църкви и той получава титлата почетен доктор по богословие от Християнския колеж във Флорида, САЩ. През 1996 г. д-р Лий защитава докторат по християнско духовенство от Теологичната семинария Кингсуей, Айова, САЩ.

От 1993 година д-р Лий заема водещо място в световното християнско духовенство чрез участието си в редица международни инициативи в Лос Анжелис, Балтимор и Ню Йорк (САЩ), Танзания,

Аржентина, Уганда, Япония, Пакистан, Кения, Филипините, Хондурас, Индия, Русия, Германия, Перу и Демократична република Конго, а през 2002 г. е обявен за «световен пастор» от главните християнски вестници в Корея благодарение на своето участие в различни международни мисии.

От Юни 2011 г. година паството на Централната църква Манмин наброява над 120 000 члена и 9 000 национални и чуждестранни църковни представителства в целия свят. Досега е изпратила повече от 137 мисионери във 23 страни, включително в САЩ, Русия, Германия, Канада, Япония, Китай, Франция, Индия, Кения и много други.

Досега д-р Лий е написал 62 книги, включително бестселърите *«Опитване на вечния живот преди смъртта»*, *«Моят живот, моята вяра I и II»*, *«Посланието на кръста»*, *«Мярката на вярата»*, *«Небето I и II»*, *«Адът»* и *«Божията сила»*. Книгите му са преведени на повече от 62 езика.

Неговите християнски статии са публикувани в *The Hankook Ilbo, The JoongAng Daily, The Dong-A Ilbo, The Munhwa Ilbo, The Seoul Shinmun, The Kyunghyang Shinmun, The Hankyoreh Shinmun, The Korea Economic Daily, The Korea Herald, The Shisa News* и *The Christian Press*.

Понастоящем д-р Лий е ръководител на редица мисионерски организации и асоциации. Той е председател на Обединената свята църква на Корея, президент на вестника за национална евангелизация, президент на Световната мисия на Манмин, основател на телевизията Манмин, основател и председател на съвета на Глобалната християнска мрежа (GCN), основател и председател на съвета на Световната мрежа на християнските лекари (WCDN) и основател и председател на съвета на Международната семинария Манмин (MIS).

Небето I & II

Подробна картина на красивата обител, на която се радват небесните жители и прекрасно описание на различните равнища на небесните царства.

Посланието на кръста

Мощно пробуждащо послание за всички хора, които са духовно заспали! С тази книга ще разберете защо Христос е единственият Спасител и истинската Божия любов.

Ад

Ревностно послание за цялото човечество от Бога, който не иска нито една душа да попадне в Ада! Ще разкриете жестоката действителност на чистилището и ада, описана за първи път.

Моят живот, Моята вяра II

Трогателен разказ за истинската вяра, с която можем да преодолеем всякакви изпитания и за огнените дела на Светия дух, представени в църквата.

Мярката на вярата

Каква обител, каква корона и какви награди са запазени за вас на небето? Тази книга дарява с мъдрост и ръководство, за да разберете вярата си и да я направите истинска и всеотдайна.